丝路物语书系

主编 李炳武

塞上江南的历史华章

宁夏博物馆

本册编著 母少娟

西安出版社

图书在版编目（CIP）数据

塞上江南的历史华章——宁夏博物馆 / 李炳武
主编 . — 西安: 西安出版社, 2019.11 (2021.5重印)
ISBN 978-7-5541-4360-5

Ⅰ. ①塞… Ⅱ. ①李… Ⅲ. ①博物馆－历史文物－
介绍－宁夏 Ⅳ. ①K872.43

中国版本图书馆CIP数据核字(2019)第267876号

丝路物语 书系

塞上江南的历史华章
宁夏博物馆
SAISHANG JIANGNAN DE LISHIHUAZHANG
NINGXIA BOWUGUAN

出 版 人：屈炳耀
主 　 编：李炳武
本册编著：母少娟
策划编辑：李宗保　张正原
项目统筹：张正原
责任编辑：邵鹏飞
美术编辑：李南江
责任校对：张增兰
责任印制：尹 　苗
出版发行：西安出版社
社 　 址：西安市曲江新区
　　　　　雁南五路1868影视演艺大厦11层
电 　 话：（029）85253740
邮政编码：710061

印 　 刷：永清县晔盛亚胶印有限公司
开 　 本：787mm×1092mm　1/16
印 　 张：10.75
字 　 数：110千
版 　 次：2019年11月第1版
印 　 次：2021年5月第2次印刷
书 　 号：ISBN 978-7-5541-4360-5
定 　 价：78.00元

如有印刷、装订问题，本社负责另换。

编委会

阅读文物　拥抱文明

郑欣淼

　　文物所折射出的恒久魅力，已为越来越多的人所认识。今天呈现在读者面前的这部"丝路物语"书系，就是这一魅力的具体体现。

　　"让收藏在博物馆里的文物、陈列在广阔大地上的遗产、书写在古籍里的文字都活起来。"（习近平语）党的十八大以来，习近平总书记担负着实现中华民族伟大复兴的历史重任，饱含着对传统文化的深厚感情，让文物活起来始终为其所关注、所思考。让文物活起来，就是深入挖掘文物的内涵，充分发挥文物的作用。中国文物是中华民族的文明印记和精神标识，是全体中国人乃至全人类的珍贵财富；它对于激发人民群众对中华优秀传统文化的了解、认同和热爱，坚定文化自信，汇聚发展力量等作用是不言而喻的。

　　近年来，一些优秀的文物类书籍、综艺节目、纪录片、文化创意产品等不断涌现，文化遗产元素成为国家外交的桥梁，文物逐渐成为"网红"并受到越来越多年轻人的青睐，这些都充分彰显着"让文物活起来"已逐渐从理念转化为行动，那些在历史长河中积淀下来的文物珍存正在不断走近百姓、融入时代、面向世界。

说到文物，不能不把眼光聚焦于丝绸之路。人类社会交往的渴望推动了世界文明间的相互交融和渗透，中华文明与亚、欧、非三大洲的古代文明很早就发生接触，相互影响，相互交流。直到1877年，德国地理学家李希霍芬在他的著作《中国——我的旅行成果》里首次提出了"丝绸之路"的概念。近半个世纪以来，随着丝绸之路考古发现和学术研究的不断深入，极大地开阔了人们的视野。特别是"一带一路"倡议的全面推进，丝绸之路研究更成为国际显学。在古代文明交流史上，丝绸之路无疑是极其璀璨的一笔。它承载着千年古史，编织着四方文明。也正因为丝绸之路无与伦比的历史积淀，形成了独特的历史文化遗产，其数量之大、等级之高、类型之丰富、序列之完整、影响之深远，都是世所公认的。神秘悠远的古代城址、波澜壮阔的长城关隘烽燧遗址、精美绝伦的艺术品、气势磅礴的帝王陵墓、灿若星辰的宫观寺庙、瑰丽壮美的石窟寺……数不清道不尽的文物珍宝，足以使任何参观者流连忘返，叹为观止。2014年，"丝绸之路：长安—天山廊道的路网"成功跻身《世界文化遗产名录》，使丝绸之路迎来了新的历史机遇，也对广大文化文物工作者提出了新的要求。

"让文物说话，把历史智慧告诉人们。"这是习近平总书记的谆谆嘱托。中华文化优雅如斯，如何让文物说话，飞入寻常百姓家，是当下无数文化界人士亟待攻坚的课题，亦是他们光荣的使命。客观来讲，丝绸之路方面的论著硕果累累，但从一般读者角度，特别是从当下文化与旅游结合角度着眼的作品不多，十分需要一套全面系统地介绍丝绸之路文物故事的读物。令人欣喜的是，西安出版社组织策划了这套颇具规模的"丝路物语"书系，并由李炳武先生担任主编，弥补了这一缺憾。李炳武先生曾经长期在文物文化领域工作，也主持过"中华国宝·陕西珍贵文物集成""长安学丛书"和《陕西文物旅游博览》等大型文物类图书的编纂工作，得到了业界的充分肯定；加之丛书的作者都是有专业素养的学者，从而保证了书稿的质量。

如何驾驭丝绸之路这样一个纵贯远古到当今、横贯地中海到华夏大地的话题，对于所有编写者来说，都是具有挑战性的。这套书的优点或者说特点，可以概括为以下几个方面：

这套书最大的一个优点，就是大而全。从宏观的视野，用简明的线条，对陆上丝绸之路的博物馆、大遗址进行了全景式梳理，精心遴选主要文物，这些国宝的历史、艺术和科学价值在字里行间一一呈现。

丝绸之路文化遗产类型丰富，作者在文中并没有局限于文物本身的解读，还根据文物的特点做了大量的知识拓展，包括服饰的流变，宗教的传播，马匹的驯化，葡萄等水果的东传，纸张的发明和不断改进，医学的发展，乐器、绘画、雕刻、建筑、织物、陶瓷等视觉艺术的交互影响，等等。其中既有交往的结果，也有战争的推动。总体而言，这些内容是讲述丝绸之路时所不可或缺的内容，使读者透过文物认识了丝绸之路丰富的文化内涵。

值得称道的是，这套书采取探索与普及相结合的方式，图文并茂，力求避免学究气的艰涩笔调，加入故事性、趣味性，使文字更具可读性，达到雅俗共赏的目的。通过图书这一载体，能够使读者静静地品味和欣赏这些文物，传达出对历史的沉思和感悟，完善自己对文物、丝绸之路和文化的认知。读过这套书后，相信读者都会开卷有益，收获多多，文物在我们眼中也将会是另一番面貌。

我们有幸正处于坚持以人民为中心的改革发展伟大时代，每一件文物，都维系着民族的精神，让文物活起来，定会深入人心、蔚为大观。此次李炳武先生请我写序，初颇踌躇，披卷读来，犹如一场旅行，神游历史时空之浩渺无垠，退思华夏文化之博大精深。兼善天下，感物化人历来是每一个中国知识分子的精神所属，若序言能为一部作品锦上添花，得而为普及民众的文物保护意识起到促进作用，何乐而不为？

是为序。

· 郑欣淼 ·
原中国文化部副部长、故宫博物院原院长、中华诗词学会会长、著名历史文化学者。

丝路物语话沧桑

李炳武

2013 年 9 月，中国国家主席习近平访问哈萨克斯坦时，在纳扎尔巴耶夫大学发表演讲，首次提出共同构建"丝绸之路经济带"的宏伟倡议。2014 年 6 月，"丝绸之路：长安—天山廊道的路网"成功跻身《世界文化遗产名录》。

丝绸之路是世界上路线最长、影响最大的文化线路。丝绸之路是指起始于古代中国的政治、经济、文化中心——古都长安（今西安）连接亚洲、非洲和欧洲的古代陆上商业贸易路线。它跨越陇山山脉，穿过河西走廊，通过玉门关和阳关，抵达新疆，沿绿洲和帕米尔高原通过中亚、西亚和北非，最终抵达非洲和欧洲，向南延伸到印度次大陆。这条伟大的道路沟通了中国、印度、希腊三大文明，它是一条东方与西方之间经济、政治、文化进行交流的主要道路，促进了欧亚大陆不同国家、不同文明之间在商贸、宗教、文化以及民族等方面的交流与融合，为人类社会的共同发展和繁荣做出了卓越贡献。

公元前 138 年，使者张骞受汉武帝派遣从陇西出发，出使月氏。13 年中，他的足迹踏遍天山南北和中亚、西亚各地。在随后的 2000 多年间，无数商贾、旅人沿着张骞的足迹，穿越驼铃叮当的沙漠、炊烟袅袅的草原、飞沙走石的戈壁，来往于各国之间，带来了印度、阿拉伯、波斯和欧洲的玻璃、红酒、马匹，宗教、科技和艺术，带走了中国的丝绸、漆器、瓷器和四大发明，举世闻名的丝绸之路渐渐形成。

用"丝绸之路"来形容古代中国与西方的文明交流，最早出自德国著名地理学家李希霍芬 1877 年所著的《中国——我的旅行成果》一书。由于这个命名贴切写实而又富有诗意，很快得到学术界的认可，并风靡世界。

近年来，丝绸之路迎来了新的历史机遇，沿丝绸之路寻访探秘的人络绎不绝。发展丝路经济，研究丝路文明，观赏丝路文物成了新时代的社会热潮。中央文化产业发展专项资金资助项目"丝路物语"书系便应运而生。在本书和读者见面之际，作为长安学研究者、"丝路物语"书系的主编，就该书的选题范围、研究对象、编写特色及意义赘述于下：

"丝路物语"书系，以"丝绸之路：长安—天山廊道的路网"遗产及相关博物馆为选题范围。该遗产项目的线路跨度近 5000 千米，沿线包括了中心城镇遗迹、商贸城市、聚落遗迹、交通遗迹、宗教遗迹和关联遗迹五类代表性遗迹以及沿途丰富的特色地理环境。共计包括三个国家的 33 处遗产点，其中吉尔吉斯斯坦境内 3 处，哈萨克斯坦境内 8 处，中国境内 22 处。属丝绸之路东段的重要组成部分，在丝绸之路交通与交流体系中具有独特的起始地位和突出的代表性。它形成于公元前 2 世纪，兴盛于公元 6 至 14 世纪，沿用至 16 世纪，连接了东亚和中亚大陆上的中原地区、河西走廊、天山南北与七河地区四个地理区域，分布于今中华人民共和国、哈萨克斯坦共和国和吉尔吉斯斯坦共和国境内。沿线遗迹或壮观巍峨，或鬼斧神工，或华丽精美，见证了欧亚大陆在公元前 2 世纪至公元 16 世纪之间人类文明进步的重要阶段，以及在这段时间内多元文化并存的鲜明特色。

"丝路物语"书系，每册聚焦古丝绸之路上的一座博物馆、一处古遗址或一座石窟寺，力求立体全面地展示丝绸之路上的历史遗存、人文故事和风土人情。这是一套丝绸之路旅游观光的文化指南，从中可观赏到汉代桑蚕基地的鎏金铜蚕，饱览敦煌石窟飞天的婀娜多姿，聆听丝路古道上的声声驼铃。古丝绸之路是人类文明的宝贵遗产，记录着社会的沧桑巨变，这也是一部启封丝路文明的记忆之书。

"丝路物语"书系，以阐释文物为重点。文物是中华民族的精神标识。"要让收藏在博物馆里的文物、陈列在广阔大地上的遗产、书写在古籍里的文字都活起来。"这对于激发人民群众对中华优秀传统文化的了解、认同和热爱，坚定文化自信，汇聚发展力量不可小觑。

文物是不可再生的国之珍宝，从中可折射出人类文明的恒久魅力。对文化的认同感与归属感应当成为一种生活状态。我们从梳理丝绸之路沿线博物馆馆藏文物、石窟寺或大遗址为契机，从文化的立场阐释文物的历史意义，每篇文章涵盖了文物信息的描述、历史背景的介绍、文物价值的分享和知识链接等板块，在聚焦视角上兼顾学术作品的思想层与通俗作品的故事层双重属性，清晰地再现文物从物质性到精神性的深层转变，着力探讨文物作为一种精神力量对历史的思考。用时空线索描绘丝绸之路的卓越风华，为读者梳理丝绸之路的文化影响，以文物揭示历史规律，彰显更深层、更本质的文化自信，激发读者的民族自豪感。"丝路物语"书系以文物为研究对象，从中甄选国宝菁华，讲述它们的前世今生。试图让读者从中感受始皇地下军团的烈烈秦风，惊叹西汉马踏匈奴的雄浑奔放，仰慕大唐《阙楼仪仗图》的盛世恢宏，这是一部积淀文化自信的启智之作。

　　"丝路物语"书系，以互动可读为特色。在大众传媒多元数字化的背景下，综合运用现代科技的引进更能推动文化传播的演变进入一个崭新的领域，相契于文字的解读，更透出传统文化的深邃意蕴。为多维度营造文化解读的可能性，吸引更多公众喜欢文物、阅读文物，"丝路物语"可谓设计精良，处处体现出反复构思、创新的态度。设计重点关注视觉交流的层面，借助丰富的图像资料和多媒体技术大幅强化传统文化元素可视、可听、可观的直接特征，有效提升文化遗产多维度的观感效果。古人著书立说重字画兼备，"宣物莫大于言，存形莫善于画"，所以由"图书"一词合称。本书系选用了大量专业文物图片，整体、局部、多角度展示，让读者在阅读文字之余通过精美的图片感受文化的震撼与感动，让读者更好地认知历史、感知经典，体验当代创新之趣。

　　"丝路物语"书系，以弘扬互利共赢的丝路精神为使命。"丝绸之路：长安—天山廊道的路网"在东亚古老的华夏文明中心和中亚历史悠久的区域性文明中心之间建立起长距离的交通联系，在游牧与定居、东亚与中亚等文明交流中具有重要意义，并见证了古代亚欧大陆人类文明与文化发展的主要脉络及若干重要历史阶段以及突出的多元文化特征，是人类进行长距离交通、商贸、文化、宗教、技术以及民族等方面长期交流与融合的文化线路杰出范例。

2000 多年前，我们的先辈筚路蓝缕，穿越草原沙漠，开辟出联通亚欧非的陆上丝绸之路。这不仅是一条通商易货之道，更是一条文化交流之路。沿着古丝绸之路，中国将丝绸、瓷器、漆器、铁器传到西方，也为中国带来了胡椒、亚麻、香料、葡萄、石榴。沿着古丝绸之路，佛教、伊斯兰教及阿拉伯的天文、历法、医药传入中国，中国的四大发明、养蚕技术也由此传向世界。更为重要的是，商品和文化交流带来了观念创新。比如，佛教源自印度，却在中国发扬光大，在东南亚得到传承。儒家文化起源于中国，却受到欧洲莱布尼茨、伏尔泰等思想家的推崇。这是交流的魅力，互鉴的成果。这些各国不同的异质文化，犹如新鲜血液注入华夏文化肌体，使脉搏跳动更为雄健有力。古丝绸之路绵亘万里，延续千年，积淀了以和平合作、开放包容、互学互鉴、互利共赢为核心的丝路精神。

新时代、新丝路、新长安。2017 年，习近平主席在"'一带一路'国际合作高峰论坛"上指出：古丝绸之路是人类文明的宝贵遗产。为让这些遗产、文物鲜活起来，西安出版社策划出版的"丝路物语"书系，承载着别样的期许与厚望，旨在以丝绸之路的隽永品格对话当代社会的文化建构，以高度的文化自觉唤醒当代社会的文化自信。

我们作为丝绸之路起点长安的文化工作者，更应该饱含对传统文化的深厚感情，自觉担负起实现中华民族伟大复兴的历史重任，充分运用长安学的最新研究成果，为保护、研究和传承人类文明的宝贵遗产尽心尽力，助推"一带一路"伟大事业的蓬勃发展。

精品力作是出版社的立身之本，亦是文化工作者的社会担当。"丝路物语"书系的出版，凝聚着众多写作和编辑人员的思考与汗水。借此，特别感谢郑欣淼部长的热情赐序；感谢策划人、西安出版社社长屈炳耀先生的睿智选题与热情相邀；感谢相关遗址、博物馆领导的支持和富有专业素养的学者和摄影人员的精心创作；更要感谢西安出版社副总编辑李宗保和编辑张正原认真负责、卓有成效的工作。

"丝路物语"书系的出版虽为刍荛之议、管窥之见，但西安出版社聆听时代声音、承担时代使命以及致力于激活文化遗产、传播中国声音的决心定将引领其走向更远的未来。

是为序。

· 李炳武 · ···
陕西省文物局原副局长、陕西省文史馆原馆长、"长安学"创始人、陕西师范大学国际长安学研究院首任院长、三秦文化研究会会长、长安学研究中心主任、著名历史文化学者。

西汉·错金银回首卧式铜羊

目录

宁夏博物馆馆藏文物基本涵盖了宁夏历史文化的全部内容，包括反映宁夏早期文明的石器时代文物、农牧结合的北方青铜器、类型丰富的秦汉时期文物、北周至隋唐时期反映中外文化交流的丝路文物、独具特色的西夏瑰宝以及具有地方特色的宋元明清文物。其中丝路文物『胡旋舞石刻墓门』以及西夏文物『鎏金铜牛』『力士志文支座』被认定为国宝级文物。一件件珍贵的文物背后，是深厚的文化底蕴，以及千百年来所沉淀的意志和精神，它们无声似有声，浅唱着宁夏这片热土上的历史长歌，承载着中华民族的优秀传统文化，给予朴实勤劳的宁夏人民丰富强大的精神文化滋养。

水洞沟牛头化石

四万年前的历史回响

水洞沟遗址是远古人类生活繁衍、同自然界搏斗的历史见证，它蕴藏着丰富而珍贵的考古资料，向人们展示了距今四万年前"宁夏人"生活的画卷。

这件体量很大的牛头化石于 20 世纪 60 年代出土于世界著名的旧石器时代文化遗址之一——宁夏灵武水洞沟遗址，距今 4 万年左右。从这个牛头化石的尺寸可以看出，这头牛的身躯十分庞大。当您走进宁夏博物馆"朔色长天——宁夏通史陈列"展厅，驻足于这件巨大的牛头化石前，闭眼沉思，展开想象的翅膀：一处水草丰美的草原上，各种动物往来奔跑，其中一头体型巨大的老牛正漫步在夕阳下的草地上，悠闲自在……事实上，4 万年前的水洞沟就如同您的想象，甚至比想象更神奇。考古资料发现，水洞沟遗址中除了这件牛头化石外，还出土了野驴、犀牛、鬣狗、羚羊、转角羊、牛、猪和鸵鸟等动物化石。这些动物喜欢温暖湿润的气候环境，这些化石

水洞沟牛头化石

旧石器时代晚期（距今4.5万—1万年）
长129厘米，宽55厘米，高69厘米
宁夏灵武市水洞沟遗址出土

水洞沟遗址

的发现，足以证实远在数万年前，宁夏一带的气候与现在干燥少雨的气候大相径庭，曾是树木丛生、水草丰茂、适宜人类生存的地带。除动物化石外，水洞沟遗址还发现了大量石器，主要类型有尖状器、刮削器和少量的砍伐器。结合考古资料，您可以再次插上想象的翅膀，穿越到 4 万年前的宁夏水洞沟……今天我们所看到的荒寂干涸的河床、遍布砾石沙丘的土地变成了宽阔的湖泊，绿色的湖水荡漾着粼粼波光，岸边有一簇簇低矮的灌木，丰茂的水草丛中巨大的犀牛、野马、原始牛和活泼的羚羊正悠闲自得地啃食着嫩叶。当时居住在这里的"水洞沟人"尚处于原始群居阶段，青壮年不分男女都手持棍棒和石器，到湖边、草原狩猎。因为他们使用的武器很简单，所以有时奔波一天，连一只野兽也猎获不到，只好靠挖些植物的根茎或是摘些野果、草籽度日。一旦捕获到动物，人们如同过节一样喜笑颜开，勇士们将猎物抬回住地，年长的人剥去兽皮，把兽肉切开分给每一个人，大家围坐在一起，点上熊熊篝火，在火上烤食起来。当吃得高兴时，年轻人便披挂上用鸵鸟蛋皮制成的圆形穿孔项饰和耳饰，跳起欢快的舞蹈……好一派美好惬意的原始风光！

曾经的水洞沟人在这片神奇的土地上创造出了独特的文化，然而沧海桑田，这些美好逐渐被历史尘封。是谁为沉睡几万年的水洞沟遗迹揭开了时空的帷幕？这要追溯到 20 世纪 20 年代。1920 年，比利时神父绍特在水洞沟东边的黄土状岩石断崖上发现了一具披毛犀的头骨和一件石英岩石器。1923 年 6 月，法国著名地质学家、古生物学家德日进与桑志华来到水洞沟，住在附近的"张三小店"，开始了对中国旧石器时代考古有着划时代意义的水洞沟文化遗址的发掘。他们发掘了水洞沟遗址的第一地点，出土了丰富的石制品、动物化石和炭屑等，二人认为这"具有特殊意义"。随后又发现和发掘了 4 个地点。共发掘出 300 千克以上的石器和一些动物化石，从而使水洞沟成为中国旧石器时代晚期最具代表性的文化遗址之一，确定了水洞沟在东、西方旧石器时代文化对比研究中所占有的极其重要的地位。据调查，在 20 世纪 20 年代，水洞沟遗址所在地区荒无人烟，西距水洞沟十几公里的临河镇石坝村也不过四五户人家，"张三小店"可能是水洞沟唯一的住户。在这座小店里，在张三夫妇的友好接待和配合下，德日进和桑志华在水洞沟揭开了中国旧石器时代考古的新篇章，推翻了西方学者认为"中国没有旧石器时代文化"的论断，张三和"张三小店"同德日进、桑志华一齐载入了发现和发掘水洞沟古人类文化遗址的史册。

1960 年，中国和苏联组建的中苏古生物考察队对水洞沟遗址进行了一次发掘，出土了约 2000 件石制品。1963 年，中国科学院古脊椎动物与古人类研究所裴文中先生率领的考古队再次对水洞沟遗址进行了系统发掘。第一次明确了水洞沟遗址"包含了旧石器时代和新石器时代两个不同时代的遗存"。 1980 年，宁夏博物馆和宁夏地质局组成联合发掘队，再一次对水洞沟遗址进行了系统发掘，出土了 63 件动物化石、6700 余件石制品，其中仅旧石器时代晚期层位出土的石器就有 5500 余件。经过上述四次系统发掘和研究，国内外学者公认，水洞沟遗址在中国旧石器时代，特别是旧石器时代晚期文化中占有特殊地位，对该地区乃至周围地区以后文化的发展都产生了巨大的影响。有很多专家认为，水洞沟文化是东亚旧石器文化中为数不多的可以和欧洲旧石器文化进行对比的一种文化形态。2003 年至 2006 年，由中国科学院古脊椎动物与古人类研究所副所长高星领队，宁夏文物考古研究所和灵武市文物管理所参与，对水洞沟遗址进行了第五次系统发掘。这次发掘在多个地点发掘出多个不同文化层位，出土了石制品和动物化石数千件，其中石制品数量多、比例大，非常引人注目；第八地点发现的 8 枚用骨片和鸵鸟蛋皮制成比纽扣略小的环状装饰品，是目前中国旧石器时代同期制作最精美的饰品，在国内考古界尚属首次发现，它极大地丰富了水洞沟文化的内涵，为研究当时人类生产力水平、行为模式和审美能力，提供了重要信息；在弃土中还获取到一些植物种子标本，清理出灰烬等用火遗迹。时年 85 岁高龄的中国第四纪研究泰斗、著名地

1963 年裴文中先生在水洞沟遗址考察

质学家、国家自然科学奖获得者刘东生院士对此次发掘给予高度评价，称这次发掘为中国旧石器时代考古的"文艺复兴"。

水洞沟遗址是远古人类生活繁衍、同自然界搏斗的历史见证。它以蕴藏的丰富而珍贵的考古资料，向人们展示了距今 4 万年前"宁夏人"生活的画卷，被誉为"中国史前考古的发祥地""中西文化交流的历史见证"，是全国重点文物保护单位，国家 5A 级旅游景区，国家地质公园；被列为全国文物保护的 150 处大遗址之一，"最具中华文明意义的百项考古发现"之一，荣获"中国最值得外国人去的 50 个地方"银奖。

当我们在宁夏博物馆欣赏这件牛头化石，或者直接到今天的水洞沟景区，去品味万年前的远古历史，也许每个人会感受到不一样的情怀，有对远古先民的敬佩，对神奇自然的敬畏，对生命万物的敬重……但是有一点感受却是一致的，那就是对文物古迹的敬爱。正是因为遗存下来的文物和遗迹，才给了我们走进历史的机会，真正是"若非地下藏物证，焉知史前山河秀"。

彩绘豆荚纹双耳陶壶

瑰丽多姿话彩陶

彩陶是在打磨光滑的橙红色陶坯上，以天然的矿物质颜料进行描绘，用赭石和氧化锰作呈色元素，入窑烧制后橙红色的胎体上会呈现出赭红、黑、白诸种颜色的美丽图案。

　　千百年来我国民间一直流传着女娲抟黄土造人的古老传说。虽然只是一个创世神话，但是从社会人类学的观点来看，这个神话对应了两个史实：一是母系氏族时期，社会成员只知其母不知其父；二是当时的人类已经能够熟练地制造陶器，而彩陶就是其中最瑰丽的一笔……

　　彩陶是在打磨光滑的橙红色陶坯上，以天然的矿物质颜料进行描绘，用赭石和氧化锰作呈色元素，然后入窑烧制，这样橙红色的胎体上会呈现出赭红、黑、白诸种颜色的美丽图案，形成纹样与器物造型高度统一、装饰美化效果极佳的陶器。彩陶的诞生到今天已有 8000 多年的历史了，它记载着人类文明初始期的经济生活、宗教文化等方面的信息。我国的彩陶

彩绘豆荚纹双耳陶壶

新石器时代马家窑文化（距今5300—4000年）
通高38厘米，口径13厘米，腹径36厘米，底径12厘米
宁夏固原河川乡出土

彩绘豆荚纹双耳陶壶（俯视图）

文化分布广泛，延续时间长，从距今 8000 年到距今 3000 年左右，绵延了 5000 多年，跨越老官台、仰韶、马家窑、大汶口、屈家岭、大溪、红山、齐家等文化，在世界彩陶历史中艺术成就最高。在我国所发现的所有彩陶文化中，马家窑文化彩陶比例最高，并且达到了中国彩陶艺术的顶峰。

马家窑文化因最早发现于甘肃省临洮县的马家窑村而得名，是仰韶文化向西发展的一种地方类型，出现于距今 5300 多年的新石器时代晚期，主要分布于黄河上游地区的甘肃、青海、宁夏境内，范围达 1000 多公里，因地域和时间差异，分为石岭下、马家窑、半山和马厂 4 个类型。马家窑文化的彩陶器型丰富多彩，图案极富于变化和绚丽多彩，是世界彩陶发展史上无与伦比的奇观，是人类远古先民创造的最灿烂的文化之一，是彩陶艺术发展的顶峰。

马家窑文化的彩陶继承了仰韶文化庙底沟类型爽朗的风格，但表现更为精细，形成了绚丽而又典雅的艺术风格，比仰韶文化有进一步发展，艺术成就达到了登峰造极的高度。陶器大多以泥条盘筑法成型，陶质呈橙黄色，器表打磨得非常细腻。许多马家窑文化遗存中，还发现有窑场、陶窑和颜料，以及研磨颜料的石板、调色陶碟等。马家窑文化的彩陶，早期以纯黑彩绘花纹为主，中期使用纯黑彩和黑红二彩相间绘制花纹，晚期多以黑红二彩并用绘制花纹。彩陶的大量生产，说明这一时期制陶的社会分工早已专业化，出现了专门的制陶工匠师，并开始使用慢轮修坯，并且利用转轮绘制同心圆纹、弦纹和平行线等纹饰，表现出娴熟的绘画技巧。从20世纪50年代末开始，随着大量新出土材料的积累，马家窑文化彩陶的研究越来越受到学术界关注，逐渐成为史前文化研究中的一大热点。学者们从不同角度论述、分析、探讨彩陶花纹的演变，装饰手法的运用，装饰部位的选择等，研究工作不断深入。

在宁夏南部，马家窑文化时期遗址发现150余处，原州区、彭阳县、隆德县、西吉县、海原县均有分布，属于石岭下和马家窑类型。马家窑文化时期宁夏先民的数量和分布密度都有显著增加，生产和生活质量也有了明显提高。

收藏于宁夏博物馆的这件彩绘豆荚纹双耳陶壶，就属于马家窑文化。距今约有5000年的历史，该器物口沿微侈，直颈，圆肩，鼓腹下收，下腹素面，腹中部两侧各有一个小圆耳，造型端庄稳重。颈部绘有两条平行的宽带锯齿纹，肩部以锯齿纹和豆荚纹为主题，组成4组对称的旋涡纹图案，造型端庄秀丽，纹饰精美，令人赏心悦目。

偏颈鸭形彩陶壶

一枝独秀说菜园

菜园文化是一支农畜并重、崇尚简朴的土著文化。勤劳、智慧的先民们，沿着南华山山脉，从南到北，留下了多处文化遗迹，为研究宁夏新石器时代文化提供了非常重要的资料。

这件彩陶壶非常有特点，乍看上去给人莫名的喜感。口部微侈，并且俏皮地偏在一旁。颈部微曲，溜肩，腹部鼓圆，越往底部越内收，小平底。下腹部还有一对半环形的带状耳。颈部装饰有黑红相间的网状格纹，到了腹部装饰画风改变，为带状鱼鳞纹。整件器物就像一只伸嘴翘尾、憨态可掬的小鸭子，散发出浓浓的生活气息。

这样一件造型生动活泼的器物究竟出自何方，有什么样的文化内涵呢？这件器物所反映和代表的正是宁夏非常有名的新石器时代土著文化——菜园文化。

在六盘山的余脉海原南华山北麓，有一个静谧美丽的小山村——菜

偏颈鸭形彩陶壶

新石器时代菜园文化（距今5000—4000年）
高20.4厘米，口径8厘米，腹径25.6厘米，底径8厘米
1984—1987年海原县菜园村切刀把墓地出土

菜园村全景地貌

园村。千百年来这里的先民们利用丰厚的黄土，依坡修筑半地穴和窑洞式的住所，日出而作，日落而息，过着虽不富裕但美好恬静的生活。1984年，宁夏博物馆考古队（1996年后为宁夏文物考古研究所）开展全区文物普查，在菜园村附近切刀把（地名）山坡上，发现了遍地的散碎陶片。拾起一块块陶片，他们端详、议论着，从陶质陶色上判断，这些散落在山野的陶片大多属于新石器时代。经过一番仔细寻找之后，普查人员在冲沟的两壁发现了被山洪冲毁的古墓葬，在一座农家的窑洞顶上，竟然还裸露出古墓葬里随葬的陶罐。就这样，一次普查工作开启了菜园文化的发现和发掘序幕。从1985年开始，考古工作者对这附近的相似文化遗存进行了长达4年的发掘，除了切刀把墓地外，还发掘了马缨子梁、林子梁、石沟遗址，二岭子湾、寨子梁、瓦罐嘴墓地。

连续4年发掘的大量文物表明：菜园文化是一支农畜并重、崇尚简朴的土著文化。它的分布区域与马家窑文化、齐家文化有大片的重合区，

窑壁"壁灯"痕迹（正面）

窑壁"壁灯"痕迹（剖面）

应当是陕、甘、宁三省交界处的齐家文化的主要源头或直系前身，它的分布核心区仍在陇东高原和宁南山地丘陵区。在宁夏南部发现这一时期遗址60余处，上限距今5000年左右，下限距今4000年左右，经历了1000年的演化发展历程。菜园文化的先民大多生活在靠近小河、湖泊边缘温暖湿润的山坡草地上，已经开始种植谷物，饲养猪、牛等家畜。出土了用于收割的石刀、陶刀，用于脱粒的石磨盘、石磨棒，用于狩猎的石镞和骨镞。

菜园文化时期，居住遗址除常见的半地穴式房屋外，还出现了因地制宜在山地开凿的窑洞式房屋，由半圆形场院、长条形门道、过洞式门洞和椭圆形居室四部分构成，地面铺有一层光滑坚硬的黑垆土，周壁有"壁灯"烧痕。窑洞布局完整、结构合理、实用性强，菜园文化的窑洞遗址是我国发现的最大、最早的一处窑洞式房屋遗址，规模和技术都为当时一流。这种凿山开洞辟房屋的技术在我国一直沿用了4000多年。

菜园遗址墓葬区发掘了上百座墓葬，墓坑的排列比较随意，没有明显的规律性，同一墓地中各墓葬的形制、尺寸差别不大，只有随葬品数量多寡悬殊，说明死者虽然贫富有别，但还没有身份上的贵贱之分。墓口形状也不太规则，墓葬形制有竖穴土坑、竖穴侧龛、竖穴洞室、横穴洞室和洞室侧龛五种，其中竖穴侧龛和洞室侧龛为国内新石器时代首次发现。各墓均无葬具，流行单人侧身屈肢葬，依据下肢卷曲程度分为跪踞式、蹲踞式和屈膝式三种，反映出菜园先民独特的民风民俗。

　　菜园文化墓葬中的随葬品分为生产工具、生活用具和装饰品等，其中生产工具有玉、石、骨、陶四大类。出土陶器数量极多，分为炊器、

瓦罐嘴墓地

偏颈鸭形彩陶壶

水器、储藏器和食器，制作技术简洁而统一，普遍使用泥条盘筑法，常见的纹饰为篮纹，多为夹砂陶，在总体上显示出强烈的地域特色。所见器形有小口罐、单耳罐、小口高领瓮、大口瓮、双耳壶、单耳壶、双耳罐、双耳小罐，以及单耳杯、盆、钵、碗、豆、器盖等器物。容器的突出特征是口小肩宽、腹圆、底平，不见三足器和空足器。陶器在当时的日常生活中已被相对固定地充当炊器、存储器、水器和食器。陶色不纯，有的质松易碎，夹砂陶多通体饰宽浅篮纹，少量饰绳纹或线纹，颈部加饰戳印纹，附加堆纹，耳多加于肩、腹部，皆是扁平带状。

2001 年，菜园遗址被国务院确定为全国文物保护单位。因为文化内涵丰富且独特，以菜园遗址为代表的这支文化被命名为"菜园文化"。菜园文化表明：宁夏南部山区的海原在 4000 多年前是一块神奇的土地，这里适宜人类生存、繁衍。勤劳、智慧的先民们，依山傍水，沿着南华山山脉，从南到北，留下了多处文化遗迹，为研究宁夏新石器时代文化的具体内涵提供了非常重要的资料。

虎噬驴透雕铜牌饰

北方青铜文化的结晶

这件器物造型完美，栩栩如生地表现了驴被猛虎咬住时竭力挣扎的形态，艺术构思精细巧妙，带有浓郁的游牧民族特色。

这件虎噬驴透雕铜牌饰的造型呈横 "B" 形。仔细观察上面的图案，非常有意思，只见一只形象十分威猛的老虎张开大口，獠牙外露，作行进的姿势，正张口咬噬一头驴的颈部，可怜的驴侧身翻转，前足跪地，后两足腾空，搭在虎背上，尽管极力挣扎，但还是透露出一种叫天天不应、叫地地不灵的绝望神情。整个器物造型完美，栩栩如生地表现了驴被猛虎咬住时竭力挣扎的形态，艺术构思精细巧妙，带有浓郁的游牧民族特色。虎的身上饰斑纹，驴蹄似凹叶状。同一墓葬中出土了这样两件一模一样的青铜牌饰，左右对称，分别有孔、扣，应该是相配使用的。老虎是北方青铜牌饰中最常见的猫科动物。这种铜牌，是作带扣用的，也就是腰带或皮带扣。

虎噬驴透雕铜牌饰

春秋战国（前770—前221）
长13.7厘米，宽8.2厘米
1977年宁夏固原杨郎墓地出土

虎噬驴透雕铜牌饰（背面）

　　这种牌饰属于什么文化类型，它有着怎样的文化意义和文化内涵呢？
这就要从北方青铜文化说起。北方青铜文化分布在中国北方地区长城沿线，
西起陇山，东至鄂尔多斯高原，以青铜器作为主要生产工具，流行青铜车
马器，盛行殉牲习俗。从 20 世纪 60 年代中期开始，宁夏地区就发现了北
方系青铜器的墓葬，随着近年来考古新发现的增多，宁夏地区已经成为北
方系青铜文化的一个重要地区，主要分布在中卫、同心和固原地区。其中
以固原地区最为集中，杨郎马庄墓地、彭堡于家庄墓地是宁夏青铜文化的
代表性墓地。时间上从春秋中期延续至两汉，时间跨度较长，文化内涵丰富，
并且独具特色。其中车马器类中的軎，兵器类中的触角式青铜短剑，工具
类中的鹤嘴斧，装饰品中的带饰、牌饰等，都表现出了浓郁的地方特色。

　　在众多北方系青铜器的出土物中，动物纹装饰题材的出土物最具特色，
风格独特且工艺精美的虎纹、虎噬驴、虎噬羊、怪兽纹、翼马纹、子母豹、
人驼纹、奔鹿、羚羊、卧牛、鸟纹等各类金、铜牌饰，以及动物纹金扣饰、
鹰头兽头带钩、凤鸟纹等，为北方系青铜文化的研究提供了宝贵的资料。

虎噬动物纹饰更是北方青铜器动物纹饰中的佼佼者，它萌芽于商代晚期，到西周时期已趋于成熟，春秋战国时期高度发达，汉代以后开始没落。在我国内蒙古、山西、陕西、甘肃、宁夏、新疆、广东、重庆等地都有这类纹饰的发现，装饰着这类纹饰的器物多为青铜质地，也有青铜鎏金或纯金的，石质和骨质的极为少见。虎噬动物纹饰是"动物纹艺术"中的一种，由于其纹饰的独特性以及器物使用者的身份地位较高，在当时有着极其重要的内容与象征意义。每一种艺术形态的产生都不是偶然的，都是民族的风俗习惯与时代精神的产物，所以通过虎噬动物纹饰的研究可以更加深入地了解北方民族的生活习俗、宗教信仰、区域交流、文化传播等问题。同其他动物纹饰一样，虎噬动物纹饰是一种生活场景的再现，其载体青铜牌饰是北方草原民族佩戴在腰间革带上的饰物。牌饰上的虎噬动物纹充分展示了弱肉强食，肉食动物吞噬草食动物的情景。它的艺术构思来源于北方民族长期的游牧生活。

对于虎噬动物纹饰的文化内涵，学者们看法众多。有专家认为，虎噬动物纹饰或动物搏斗纹表现了游牧民族勇猛强悍的性格以及对英武善守的崇拜；也有专家认为，虎噬纹纹饰的寓意不是对弱者的同情，而是对强者的敬畏和赞叹，反映游牧民族对适者生存现象的认同，以及对强者的赞美和崇敬；还有专家认为，虎噬动物纹饰不仅能反映游牧民族对强者的崇敬及游牧民族的征服心理，而且可能还与北方民族的图腾崇拜和佩戴者的身份地位相关。

兽头銮铃

香车宝马

别样銮铃

銮铃是一种车马饰件，是安装在古代乘车上的响铃，也叫作"鸾铃"，出现于西周时期，一直流行到战国时期。

　　銮铃是一种车马饰件，是安装在古代乘车上的响铃，也叫作"鸾铃"，插在车衡和马轭上。古代的銮铃一般用青铜制成，分为上下两部分。銮铃整体可分为铃体、铃球和銮座三部分。上部分是铃体，下部分是一长方形的銮座。铃体内是铃球，铃球由两个半球扣合而成，或者是一石头做的弹丸。马车一走，铃球晃动，銮铃就发出清脆的响声，悦耳动听。銮铃出现在西周早期，一直流行到战国时期。《说文解字》讲："铃象鸾鸟之声，声和则敬也。"

　　先秦时期，马车是主要的交通工具，有身份的人都是驾车上路。那时的学校开设了一门必修课程叫作"六艺"。所谓六艺是指六种技能，包

兽头鎏铃

春秋战国（前770—前221）
高18厘米，鋬径3厘米
征集

括礼、乐、射、御、书、数。"御"就是学习驾车的技术。正因为马车是一种身份和地位的象征，所以还流传着一个圣人孔子关于香车宝马的故事。公元前521 年，孔子的得意门生颜回去世，孔子非常悲痛。因为在孔子众多的门生中，颜回最得孔子的赏识，他不仅称赞颜回好学，而且称赞他懂得仁的真谛。孔子前往颜回的家中吊唁，颜回的父亲向孔子提出了一个要求："为了表达您的哀思，能否将您的车子改制成棺材来安葬颜回？"孔子听后连忙说道："不乘车的话，我怎么同大夫交往呢？"虽不知故事的真假，但乘坐马车是身份的象征则是一定的。当今社会，"宝马"是豪车，其头往古代，一匹骏马，一辆好车，就是香车宝马的生活。配有銮铃的马车，一方面跑将起来叮当作响，和音悦耳，铃声伴随着马蹄声，节奏感十足，行路漫漫，有清脆的銮铃声陪伴也给旅途减

兽头銮铃（局部）

兽头銮铃

少了些许疲惫。另一方面，銮铃也可代表墓主人的身份，是墓主人社会地位的体现和象征，最高级别的马车上可装八个銮铃。

宁夏博物馆收藏的这对銮铃为兽头形象。顾名思义，兽头銮铃的铃体就是兽的形象。这种銮铃在西周时期开始流行。这对銮铃上部为一动物形象，兽首鹰喙，立耳，弯颈低头作角斗状，形象生动，造型逼真。这种形状的"兽"到底是什么动物呢？似兽似鸟，又非兽非鸟。相似的形象在宁夏固原和陕西也曾发现过。固原西吉县新营乡陈阳川村战国墓中曾出土一件鸟兽纹铜带钩，整个图案由两种动物构成。上部动物似鹰，下部动物看似蜷缩的狼，细看之下，和宁夏博物馆所征集的兽头銮铃有相似之处。陕西神木市纳林高兔村曾出土过一件"金怪兽"，这件器物也是鹰喙兽身，眼球突出，大耳直立，头上双角内弯，作倒八字形侧向后展开。专家认为，这件器物出自北方草原匈奴人之手，可能就是史书中记载的兹白。另外，2017 年，美国著名的中国文物与艺术品收藏家尔文·哈里斯收藏的一对兽头銮铃曾在佳士得拍卖行拍卖，那对兽头銮铃与宁夏博物馆的这对非常相像，应该都属于北方青铜文化系统。

宁夏博物馆征集的兽头銮铃、佳士得拍卖行拍卖的銮铃和固原博物馆所藏的鸟兽纹铜带钩与纳林高兔"金怪兽"部分相似，可能只表现了兹白的局部。兹白是何方神圣？《逸周书·王会》中记载："正北方义渠以兹白，兹白者若白马。锯牙，食虎豹。"说的是北方的义渠国崇拜一种叫作兹白的动物，这种动物似马又非马，牙齿锋利，以虎豹为食。唐代人张说写过一首诗《舞马千秋万岁乐府词》，其中有一句："不因兹白人间有，定是飞黄天上来。"意思是人间怎会有"兹白"这种神物，它定是从天上飞临人间的神兽。从这些记载中我们可以看出，兹白的形象像马又不是马，和"飞黄"一样，是一种神兽，具有美好的寓意。现在我们常用的成语"飞黄腾达"就是以"神马"为喻，骤然得志。另外，兹白是北方青铜文化中义渠戎常用的艺术形象，宁夏固原一带在春秋战国时期正属于义渠戎的统治范围。这对兽头銮铃制作精美，为我们了解义渠戎的文化特色和文化水平提供了难得的实物资料，弥足珍贵。

北方青铜短剑

草原男儿的剑胆雄心

宁夏地区出土的青铜短剑属于北方青铜短剑系统，是北方青铜文化的典型器物之一。其在制作上不仅坚固、锋利、实用，在装饰上也别具特色，整体透出一种威严而庄重的气势。

提起青铜剑，很多人首先想到的是举世闻名的"越王勾践剑"。此剑寒气逼人，锋利无比，历经两千四百余年，仍然纹饰清晰精美，加之越王勾践卧薪尝胆终成一代霸主的历史典故，为这把剑又赋予特殊的意义和文化价值。因此，此剑被世人誉为"天下第一剑"，堪称国宝。别说是"越王勾践剑"这种天下名剑，就是中国古代一般的青铜剑也因材质贵重、工艺繁复、饰物精微，一剑难求，被称为宝剑。其实，青铜剑按铸造工艺和实际用途，可以分为青铜长剑与青铜短剑。青铜长剑的佩带代表着礼仪和制度，在战争实践中也有一定的使用，"越王勾践剑"就属于长剑；青铜短剑短小轻便，是随身佩带的手持短兵器，可以作为日常实用器，也可以

北方青铜短剑

战国（前475—前221）

长15.8厘米，剑格宽2.3厘米

北方青铜短剑

用来防身、格斗，而且同样也能彰显佩剑者的身份等级。在我国北方地区，从商周到春秋时期，青铜短剑是青铜剑中的佼佼者。不仅中原地区有佩带青铜短剑的传统，在周边少数民族中更是蔚然成风。

根据地域和外形特征，我国青铜短剑又分为中原系、北方系和西南系。宁夏地区出土的青铜短剑属于北方青铜短剑系统，是北方青铜文化的典型器物之一。北方系青铜短剑又可以分为两种形制，一种是剑柄与剑身连铸在一起的匕首式短剑，主要分布在内蒙古大草原东南部边缘，包括山西、河北、宁夏的广大地区；另一种是双曲刃式短剑，主要分布在东北地区，尤其是辽宁、吉林和朝鲜半岛等地。

青铜短剑在制作上不仅力求坚固、锋利、实用，在装饰上也别具特色，整体透出一种威严而庄重的气势。短剑的长度一般在 15~35 厘米，剑身宽度在 2~3 厘米。剑身扁平，平面略呈柳叶形，横截面呈扁菱形，有的剑身中部有圆柱状脊，直刃，剑身与剑柄之间设"一"字形或者两端呈斜翼状、舌状突起的剑格（目的是保护持剑者的手，防止格斗时对方的兵器顺着剑身直接下滑到持剑者的手上）。从柄部来看，北方青铜短剑极具装饰性，有的柄首呈空心镂孔球形，称之为铃首短剑；有的装饰圆雕的鹿首、鹰首、马首、羊首等，称之为兽首短剑；有的柄首作瘤状或蘑菇状，称之为瘤首或蕈首短剑；有的柄首作双鸟回首、鸟喙相对状，称之为"触角式首"短剑；还有些短剑是由"触角式首"短剑简化、演变而来的，剑柄首端有一个或者两个并列的圆环，称为"变形触角式首"短剑。从时间上看，柄首形制代表了短剑发展的不同阶段，即由铃首和兽首→瘤（覃）状首→触角式首→变形触角式首的发展过程，同时剑格也由"一"字格经舌状突起，向富于变化的椭圆形格和翼状格发展。与中原地区在剑茎部安柄的方式不同，北方青铜文化的青铜短剑在铸造方法上都是属于身柄合铸，这也成为其区别于中原地区青铜短剑的显著特征之一。从形制上来看，这种剑一般较短小，总长度在15~30厘米，剑身宽度在2.53厘米左右。宁夏博物馆的这件青铜短剑虽然表体有锈但保存完整，只在尖部有轻微磕损，是变形触角式柄首，时代应该为战国时期。试想一下，一位相貌威仪的男子骑着骏马驰骋在草原或大漠，腰间佩带这样一件制作精良、短小锋利的青铜短剑，岂不自有短剑在手、天下我有的雄心和气魄？

北方青铜文化中的青铜短剑具有什么样的实际功用并承载着什么文化意义呢？北方青铜文化以游牧文化为主要经济形态，青铜短剑就是草原男儿们雄心壮志的载体和象征。草原男儿们孔武有力、彪悍好斗，争斗极为常见，短剑携带方便，既是他们马上近距离进攻敌人、贴身搏斗和保护自己的武器，同时佩带短剑还是勇士身份的象征。因此，青铜短剑是草原成年男子的必备之物，他们对短剑倍加喜爱。此外，草原游牧民族不同于中原的农耕民族，他们的主要食物来源是牛羊肉和狩猎而来的其他动物肉，因此需要一种轻便耐用、可随身携带的工具来宰杀牲畜和猎物，剥皮切肉，那些长约 30 厘米的青铜短剑，相当适合。直到今天，我们去牧区旅游，都能看到牧民仍喜欢随身佩带短剑或者短刀，而且在吃饭时还有刀割手抓的习惯，现在的短剑或者短刀的形态可能就是承袭北方青铜文化中的青铜短剑。除了以上两种功用外，北方青铜文化的青铜短剑还包含有一定的仪式意义。《汉书·匈奴传下》记载，匈奴单于在结盟的时候，所饮的血酒要以"径路刀"搅和。匈奴是北方游牧文化的代表性民族，"径路"是匈奴语，意思就是短剑。匈奴人甚至将径路刀奉为崇拜和祭祀的对象，立有"径路神祠"。从这个记载可以看出，青铜短剑与誓盟相关，代表信誉和忠诚，同时"径路神祠"的设立反映了青铜短剑在游牧文化中已经不单是一种实用器物，它更是游牧民族尚武、勇猛、自信、忠诚的载体。

汉代铜甗

两千年前的烟火气息

甗作为古代的一种炊具，产生于新石器时代，最早为陶甗，商周时期有青铜甗，秦汉之际出现了铁甗。甗的上部是甑，下部是釜，上部蒸干食，下部烧水煮汤，它是中国饮食文化的重要组成部分。

要了解甗（yǎn），首先得了解甑和釜。甑就是底面有孔的深腹盆，是用来蒸饭的器皿，它的镂孔底面相当于一面箅子。甑只有和鬲、鼎、釜等炊具组合起来才能使用，相当于现在的蒸锅。自新石器时代晚期出现后，甑便绵延不绝，今天的厨房中仍能见到它的遗风。釜，古代写作"鬴"，实际就是圆底的锅。它产生于新石器时代中期，商周时期有铜釜，秦汉以后则有铁釜，带耳的铁釜或铜釜叫鍪。釜单独使用时，需悬挂起来在底下烧火，大多数情况下，釜是放置在灶上使用。"釜底抽薪"一词，已表明了它作为炊具的用途。甑和釜组合在一起，就成了甗。

甗的上部是甑，下部是釜。下部烧水煮汤，上部蒸干食。甗同样产生

汉代铜甗

西汉（前202—8）
通高30.2厘米
1984年宁夏盐池县张家场汉墓出土

于新石器时代晚期。新石器时代有陶甗，商周时期有青铜甗，秦汉之际有铁甗，东汉之后，甗基本消亡。东周之前的甗无论是陶还是铜，多是上下连为一体的，东周及秦汉则流行两件单体器物扣合而成的甗。

宁夏博物馆所藏的这件甗，甑的口径为28.4厘米，底径13.7厘米，圈足高1.6厘米，敞口，平折沿，方唇，斜腹微鼓，矮圈足，腹上部刻有一道凸弦纹，两侧饰兽面铺兽衔环，底部按四等分铸成条齿形孔；釜的口径为12.8厘米，腹径28.1厘米，小口方唇，斜折肩，鼓腹圆底，口沿下有凸弦纹一周，肩两侧对饰铺兽衔环，环呈桥形穿孔，肩部还环有扁宽凸棱。出土时釜内有一个大铜勺。甑的圈足可与釜口套接，共同组成甗。

炊具的出现，从严格意义上讲，是从人类利用火进食熟食阶段开始的。从现有的文献和出土文物看，新石器时代的先民们普遍使用由土和泥烧制而成的陶器，后来人们懂得了采矿冶炼技术，铜制炊具出现。战国时代铁的发现和使用，炊具又用铁来铸造，由于冶铁技术难度大，铁质炊具是最晚出现的。就种类而言，中国古代炊具除了甑、釜和甗以外，主要还有以下几种：

鼎。鼎是一种烹煮和贮存肉的器具。新石器时代的鼎为圆形陶质，是当时的主要炊具之一。商周时期盛行青铜鼎，有圆形三足，也有方形四足。因功能的不同，又有镬鼎、升鼎、羞鼎等多种专称，镬鼎是用以煮牲（牛、羊、猪）的大鼎，这种鼎通常见于高级贵族墓葬中；升鼎是盛放镬鼎内煮熟的肉食，得名于鼎上的铭文"升鼎"二字，又名正鼎、设食鼎，这种鼎常见形状是侈口，立耳外撇，颈内收，束腰，平底；羞鼎是用来盛羹汤、肉酱等调味料的小鼎。青铜鼎除了实用功能外，还是非常重要的礼器。传说夏禹收九牧之金铸九鼎于荆山之下，九鼎象征着九州，至此鼎由最初的烹煮炊器发展为统治阶级拥有的传国重器。秦汉时期，鼎作为炊具的意义已大为减弱，演化成标示身份的随葬品。秦汉以后，鼎逐渐演化成香炉，至此完全退出了饮食领域。

鬲。鬲产生于新石器时代晚期，下部有三足，上端有盖子，中间能装东西。它最初是一种煮粥或烧水的陶制炊具。鬲和鼎形制相似，但鬲是足中空，鬲之腿也是空心，以便食物或水更易煮熟。到了战国末期，灶台开始出现，鬲演化成了釜，完成了它在饮食文化中的使命而退出历史舞台。

鬶（guī）。将鬲的上部加长并做出流，一侧再安装上把手就成了鬶，主要用于炖煮羹汤或者温酒。这种器具主要流行于新石器时代。山东龙山文化的陶瓷鬶颈部加粗，有的甚至与腹部连成一体，三足有袋足和圆锥形实足，鸟嘴形流加大并朝天上扬，鋬渐粗壮，呈绞索形。龙山文化晚期、二里头文化至商代的白陶鬶制作更加精美，有的口沿装饰锯齿形花边，鬶上有长方形镂孔。

炊具蕴藏着中国古代丰富的文化信息。各类炊具的发展和演变是一部饮食文化的变迁史，让我们看到古人在饮食制作工具上的追求和智慧。正是因为古人在传统饮食上的不断变革和创新，才让今日中国的饮食文化在世界上引以为豪。

错金银回首卧式铜羊

金丝银线席边镇

错金银回首卧式铜羊做工精良，生趣盎然，显示了汉代错金银高超的工艺，是难得一见的珍品，反映了我国铜器制作工艺的精湛和古代先民的智慧。

这件错金银回首卧式铜羊看上去娇小可爱，动态十足。仔细端详，铜羊作蹲卧的姿势，盘角，回首，双眼凝视，似乎闻声欲起，体态圆润，神情温顺，栩栩如生。进一步观察，有一条金线从铜羊鼻梁穿过脊背一直到尾巴处，身体两侧也用细如发丝的金银线镶嵌出卷曲的羊毛图案，这就是我国古代在青铜器装饰中所使用的著名的错金银工艺。"错金银工艺"也可称为"金银错工艺"，始于春秋中期，盛行于战国，西汉以后逐渐走向衰落。这种工艺特别繁复，其原理是利用不同金属色泽对比在青铜器表面创造出色彩鲜明、具有光泽的金属图案。工匠们铸好青铜器后，先在器物表面预先铸出或錾刻出图案、铭文所需的凹槽，然后嵌入金银丝线，锤打

错金银回首卧式铜羊

西汉（前202—8）
长8厘米，高5.5厘米，重665克
1974年宁夏固原古城公社征集

错金银回首卧式铜羊

牢固，再用蜡石将其打磨光滑，达到突出图案和铭文的装饰效果。错金银器物上金黄、银白、铜绿交相辉映，使得色彩更丰富，也显得更为华美。古代错金银工艺主要使用于兵器、车马器、日常生活用具和其他器物中。错金银回首卧式铜羊做工精良，生趣盎然，显示了汉代错金银工艺的高超，是难得一见的珍品，反映了我国铜器制作工艺的精湛和古代先民的智慧。欣赏这样一件国之瑰宝，是一种艺术的享受，也是一种情志的升华，更有一种民族自豪感油然而生，文物润心，美妙深沉，这正是文物的魅力所在。

如此精致小巧又美轮美奂的器物，它的用途是什么呢？这其实是一件居家实用品——席镇。魏晋以前，古人一直是席地而坐，为了防止蒲竹编织的席子来回滑动和卷角，便发明了席镇。战国时，席镇就已经非常流行。

从出土的情况来看，制作精美的席镇多出自汉代，以鹿、羊、虎、熊等动物造型居多，体现了实用性与装饰性的统一。青铜玉石制作的席镇在汉代土公贵族的生活中很常见。

这件铜羊的征集过程非常有趣。1974年，宁夏博物馆考古队在领队钟侃先生的带领下，来到彭阳县古城乡汉代古城遗址做发掘前的准备工作。勘察、丈量、定向、布方，所有工作一气呵成，做完后已经日上三竿，队员们又累又渴，就到当地老乡家歇脚喝水。无巧不成书，领队钟侃先生一进老乡的屋子，就看见了放在炕头上压灯绳的铜疙瘩。他走到跟前拿起来仔细端详，顿时眼睛一亮，这是宝贝呀！遂向老乡询问东西的来历。老乡说，前两年有一天下过一场大雨后，他到田地里去看庄稼受损没有，走到地头，脚下一绊，低头看见了这件黑乎乎的东西，拿起来沉甸甸的，抹掉湿泥土，一个憨态可掬的铜羊跃然而现，个头不大，好看，还沉，用来压灯绳不赖。于是老乡将铜羊拿回家拴在了灯绳上，这一拴就是几个年头。钟侃先生一想，这外面的田地不正是古城遗址的范围吗？这铸造技术和错金银工艺，不正是汉代的风格吗？如此美妙绝伦的汉代精品，得入馆保藏才是。于是，他和老乡商量想把这件东西买下来，老乡说，你要有用就拿走，但你得给我找个压灯绳的东西来。队员们给老乡找了一个小巧的鹅卵石，并给了老乡三十元钱，就把这件后来被定为国家一级文物的汉代铜羊征集入馆了。

"大泉五十"铸钱铜范

方圆之间天地大

"大泉五十"钱币铸行时间虽然仅有十三年，却是新朝通行货币中流通王莽币时间最长、铸量最大的货币。这件铸钱铜范的发现，为了解新莽时期的币制情况和铸造技术，提供了重要的实物资料，是反映新莽货币史的一件珍贵文物。

钱范就是古代铸造金属货币的模子，也称为钱模，可以反复使用，大大提高了铸钱的质量和效率。青铜钱范就是由青铜铸成的钱模子。宁夏博物馆馆藏的这件"大泉五十"铸钱铜范，大致呈圆角长方形。正面的顶端有一个凸出的主槽口，主槽自上而下纵贯全范的正中。主槽上宽下窄，两侧各有六条支槽，分别通向两侧的"大泉五十"钱型。钱型和钱型之间又有小分槽相连。铸钱时，将熔化的铜水从主槽口灌入，一次就可以铸出二十二枚"大泉五十"钱。这枚铜范的时代是在王莽时期。

王莽 (前 45—23)，字巨君，新都哀侯王曼的次子，西汉孝元皇后王政君的侄子，中国历史上新朝的建立者，即新始祖，也称建兴帝或新帝，

"大泉五十"铸钱铜范

新莽时期（8—23）

长22厘米，宽15厘米

宁夏博物馆旧藏

"大泉五十"铸钱铜范（背面）

公元 8—23 年在位。西汉自汉武帝以后，都是由外戚辅佐朝政。汉元帝时期的皇后也就是王莽的姑母王政君，掌管天下六十余年，辅佐了四个皇帝。有姑母这样的大后台，王莽在朝廷内自然有一定势力，加上他颇有心计，善于钻营，又谦恭俭让，礼贤下士，其实是为了收买人心，壮大势力，果然没用多长时间，王莽就在朝野内树立起一定的威名。西汉末年汉平帝时，社会矛盾空前激化，王莽被朝野视为能挽救危局的不二人选，甚至被看作是"周公再世"。公元 8 年 12 月，王莽代汉建新，建元"始建国"。

王莽当政后，为了削弱汉朝旧族势力，以"托古改制"为名进行了一系列改革，史称"王莽改制"，这其中就包括对币制的改革。王莽改革后的货币制度，用一个字来评价就是"乱"，但是他自己却给改革后的货币制度取了一个很好听的名字——宝货制。什么是宝货制？宝货制内容为五物、六名、二十八品。五物是金、银、铜、龟、贝五种币材；六名为金货、银货、龟货、贝货、泉货、布货六大钱币类型；二十八品是币值分二十八个等级。这样解释可能还不够通俗，我们再从他铸造的货币上来感受一下宝货制到底有多乱。他恢复了已废止二百多年的布币、刀币的制度，变换形制，下令铸造错刀、契刀和六泉货币。王莽所铸的刀币、布币完全不同于战国时期刀币、布币的形制。他在刀币上加了一个方孔圆钱，并且明明白白地铸上刀币的名称和价值，如"契刀五百""一刀平五千"等。这种钱币身形如刀，材质为铜，一刀平五千的圆钱上以黄金镶嵌"一刀"两字，刀身铸有"平五千"三个字，所以又称金错刀。一刀平五千与原来的五铢钱并用，相当于五千枚五铢。契刀五百当五百枚五铢用，大泉五十当五十枚五铢用。王莽货币的极品为六泉，即小泉直一、幺泉一十、幼泉二十、中泉三十、壮泉四十、大泉五十。人泉五十重量只及汉五铢钱的两个半重，却要当五十个五铢钱用。这就意味着，新朝每发行一枚大钱，就要从百姓手中夺走四十七个半五铢钱财富。

王莽推行的宝货制，换算复杂，币制混乱，结果民心大乱，商品流通不畅，民间私下还用五铢钱来交易。王莽得知后大怒，于是强令城内老百姓接受宝货制，每个人出入城必须出示"大布黄千"钱来作为通行证，如此这样引起了更大的民怨。治国无方的王莽却敛财有术，他篡汉十五年，四次改革币制。每次都是以小换大，以轻换重，钱越改越小，价越作越大，无形之中把老百姓手中的财富搜刮光了。这种横征暴敛，加剧了新朝的灭亡。新莽地皇四年，更始军攻入长安，在位十六年的王莽死于乱军之中，卒年六十九岁，而新朝也成为中国历史上短命的朝代之一。

"大泉五十"铸行时间虽然仅有十三年，但其却是王莽新朝通行货币中流通王莽币时间最长、铸量最大的货币。其形制单一，但其版别多，内涵丰富，近年来还有背铸纹饰、吉语及动物图案的版别发现。宁夏博物馆这件"大泉五十"铸钱铜范的发现，为了解新莽时期的币制情况和铸造技术，提供了重要的实物资料，是反映新莽货币史的一件珍贵文物。

需要说明的是，王莽时期的货币改革虽然混乱不堪，但是客观而论，货币的铸造技术比以前有很大的提高，质料优良，文字精美，都远在西汉五铢钱之上，王莽时期还将错金的工艺第一次应用到铸币上，出现了错金刀币。王莽铸币的文字，有几种采用悬针篆。悬针篆是小篆的一种，也叫垂针篆，是篆书的异体，悬针是指"竖画收笔出锋"，锋就像钢针倒悬一样，在中国书法史上具有非常重要的价值。尽管王莽的改革是失败的，但他所发行的一系列钱币却是古钱史上的精品。王莽币的艺术价值远远超过了它的使用价值，它的文字、冶炼和设计都堪称中国古钱一绝，匠心独具，有着极高的收藏和欣赏价值。

『伏波将军』铜印章

只解沙场为国死 老将马革裹尸还

东汉四十一年，马援被封为伏波将军，拜新息侯，民众尊称其『马伏波』，其老当益壮、马革裹尸的气概甚得后人的崇敬。

这件铜印章是方形，龟钮，印座四面穿孔，印文无边栏，印刻篆书"伏波将军章"五字，器表有涂金痕迹。伏波将军是古代大将军的一种封号，"伏波"的意思就是降伏波涛。

"将军"这一响当当的职位是何时设立的呢？在战国时期，各个国家多以卿、大夫统领全军。秦代开始设置将军，掌管征伐战斗。汉代初期承袭秦制，虽设将军，但不常置。到汉武帝时，战事多发，开始广泛设置将军这一职位，名位最高的是大将军、骠骑将军、车骑将军、卫将军，其次是前、后、左、右将军，还有名目众多的封号将军，如强弩将军、拔胡将军、浚稽将军、贰师将军、横海将军、楼船将军、将屯将军、护军将军等。

"伏波将军"铜印章

东汉（25—220）

通高3厘米，边长2.3厘米

宁夏彭阳草庙乡出土

"伏波将军"铜印章

"伏波将军"即是这众多封号将军中的一个。历朝历代中曾出现多位被授予"伏波将军"的人物，最著名的"伏波将军"是东汉光武帝时候的马援。据史籍记载，两汉时曾在北地郡一带生活过的"伏波将军"，只有东汉时的马援一人。宁夏博物馆所藏的这枚"伏波将军章"铜印出土于宁夏彭阳县。北地郡就是马援曾经生活过的地方，在今甘肃庆阳市西北，十分临近"伏波将军章"出土地朝那，即今天的彭阳县。据此判断，这枚"伏波将军"铜印章应属马援所有。

马援（前 14—49），字文渊。汉族，扶风茂陵（今陕西杨凌西北）人。西汉末至东汉初年著名军事家，东汉开国功臣之一。马援年少时就胸怀大志，做郡督邮（官名，汉代各郡的重要属吏）时因私放囚犯而逃往北地郡避难。后天下大赦，马援就在当地畜养起牛羊来。时日一久，不断有人从四方赶来依附他，于是他手下就有了几百户人家，供他指挥役使。他带着这些人游牧于陇汉之间，但胸中之志并未消减。他常对宾客们说："大丈夫的志气，应当在穷困时更加坚定，年老时更加壮烈。"新朝末年，天下大乱，马援为陇右军阀隗嚣的属下，甚得隗嚣的信任。后来马援归顺光武帝刘秀，为刘秀统一天下立下了赫赫战功。天下统一之后，马援虽已年迈，但仍请缨东征西讨，西破羌人，南征交趾。东汉四十一年，马援被封为伏波将军，拜新息侯，被人尊称为"马伏波"，其老当益壮、马革裹尸的气概甚得后人的崇敬。后于讨伐五溪蛮时马援身染重病，不幸去世。因梁松诬陷，马援死后被刘秀收回新息侯印绶，直到汉章帝时才遣使追谥忠成侯。

陶楼

汉代建筑的浓缩写照

作为汉代随葬的"建筑明器"，陶楼内含了建筑的基本元素，同时包含了雕刻、绘画、陶艺等元素，向世人展示着汉代优秀的建筑基因和古人卓越的智慧。

　　历经两千多年的岁月洗礼，我国汉代的建筑都成了残存的遗址。好在很多遗留下来的文物古迹为我们了解汉代建筑打开了一扇窗，陶楼就是其中一类。陶楼，顾名思义，就是陶制的小楼房。当然，宁夏博物馆收藏的这件陶楼一看体量就知道可不是供活人居住的"楼房"。出土于吴忠关马湖汉墓的这件陶楼是墓葬内特有的"明器"。仔细观察，可以看出这件陶楼分两段塑造烧制，最后对接而成，共有三层结构，横排五间，进深一间，上面施白粉红彩，因为年代久远多已脱落。三层楼面布局各不相同。第一层用刀刻线条表示门的位置，两边各有一个熊形角神支撑，形制简单；第二层平座前伸，上面立着栏杆，形成"一"字形走廊，走廊内单扇板门半

陶楼

东汉（25—220）
通高70厘米，面阔53厘米，前后深13厘米
1972—1973年宁夏吴忠市关马湖汉墓出土

陶楼（背面）

开，两边各有一个人形蜘蛛；第三层被熊形角神支撑的三架斗拱隔为两间，
每间各有一扇长方形棂窗。屋顶高大，正中起脊，脊端略高，呈三角形。
陶楼上的熊形角神和人形支柱，造型生动，使整个建筑富有生气，起重要
的支撑作用。门窗、栏杆、斗拱和屋顶用了红、白颜色勾描彩画，特别是
斗拱的使用，加深了屋檐的深度，既强化了屋顶的防雨功能，又使房屋轮
廓增加了明暗对比的艺术效果，是东汉木结构建筑的真实缩影。这件陶楼
不仅设计巧妙，造型精致，而且充满了生活气息，这要是按照比例放大了
建造，绝对是一高端大气上档次的豪宅。

　　汉代初期出现的陶楼模型，大多是陶仓、陶灶和陶井等，中期之后陶
院落、仓楼、望楼、百戏楼、水榭等楼阁建筑模型相继出现。发展到东汉，

陶楼的形制越来越复杂，不仅体量变大，制作愈加精致，而且种类更为齐全。从目前的考古发现看，陶楼主要出土于黄河流域，其他地区少见。

可别小看这座小小的建筑，内涵可不是一般的丰富。作为汉代随葬的"建筑明器"，陶楼内含了建筑的基本元素，同时包含了雕刻、绘画、陶艺等元素，是中华传统文化的一种载体，向世人展示着汉代优秀的建筑基因和古人卓越的智慧。

陶楼上、下两部分

金方奇

金色方物　珍贵稀奇

良工刻构，造兹方奇。金方奇制作精致，纹饰精美，层次分明，除了形象逼真的鸟、猴、虎、狗、兔等鸟兽图案外，还有狩猎图、水波纹、龙纹等，极其罕见。

　　"金方奇"这个名称可能在全国的文物收藏单位里独有宁夏博物馆这一件。"金方奇"是什么，有什么来历，这得首先从它的发现说起。

　　2006 年，在宁夏回族自治区盐池县的一处高速公路的施工工地上，出土了三块金板，只见金光灿灿，制作精致，令赶到现场的文物工作者兴奋不已。第一件金板长 20 厘米，宽 16.5 厘米。饰牌纹饰分了三重结构，正中有一长方形的框子。第一重，中心有一对相对而立的长尾鸟，双目圆睁，振翅欲飞，双爪内勾呈环状，形象生动逼真；第二重为一周连云纹；第三重是龙纹。在器物上装饰龙纹，可以想见这件器物绝非一般人所有。矩形图案的外围绕有竖钉纹三周，外侧上方左右各有两个钉孔。另一件金

金方奇

十六国（304—439）
长18厘米，宽14.3厘米
宁夏盐池出土

板长 17.7 厘米，宽 14 厘米，纹饰也为三重结构，下沿大部分缺失，第一重中心的一对立鸟纹饰与第一件上的基本相同，第二重为连缀的水波纹，第三重为龙纹，其上部左右各有两个钉孔。第三件长 18 厘米，宽 14.3 厘米，厚 1 厘米，正面刻画有狩猎图，中间为骑马的武士拉弓射箭，两下角也是张弓武士的图案，周围是十多个鸟、猴、虎、狗、兔等鸟兽图案。

第三块金板和前两块相比更为珍贵，因为在第三块金板的背面阴刻铭文四句八十二字，这为判断文物的来历提供了非常重要的信息。这些铭文位于边框的左右两侧和底侧，基本按照从上到下、从右到左的顺序排列，但未进行整体规划，布局较随意。铭文原文为："金鋥灵质，盛衰不移，良工刻构，造兹方奇。明明毃骋，百兽飞驰，猿猴腾蹦，狡兔奋髭，九龙衔穗，韩卢盼陂。洸洸巨例，御世庄丽，保国宜民，千载不亏。白乌二年，岁在戊午，三月丙申，朔九日甲辰，中御府造，用黄金四斤。"

这三块金板出土后，一时引起了很大的轰动，关于它们的定名、时间等问题在学术界掀起了热烈的讨论。首先是定名问题。这几件文物究竟该定名为什么呢？文物考古专家也很无奈，因为从来没有见过类似的文物，因此说不上叫什么名称。自该文物发现以来，人们已经有金册、金牌、金版、金方明、黄金雕刻物等多种名称提出，众说纷纭，莫衷一是。后来宁夏大学历史系教授白述礼先生提出按照原创者铭文"良工刻构，造兹方奇"中提到的，就叫"方奇"。"方奇"者，"地方珍奇之物"。意思就是说，是能工巧匠铸造了这个方奇。这件黄金文物铸造的时候，铸造者就认定它与众不同、独一无二，是空前绝后的一方奇物，不可能再找到与它同样的第二件，因此没有必要再去挖空心思为之起名，可按原创者意思就叫"方奇"。后来白先生的这一提议被学术界广泛接受，"金方奇"正式成为了这几件文物的名称。

名称虽定，但是关于金方奇的时代问题学术界仍然存有争议。大致有两种意见。

第一种观点以白述礼先生为代表，认为金方奇属于隋末农民起义领袖向海明政权的遗物，主要依据为向海明称帝时曾建元"白乌"。盐池黄金方奇中有"白乌"，是向海明起义、自称皇帝的年号。隋朝末年，隋炀帝杨广骄奢淫逸，人民痛苦不堪，农民起义频发。从614年到617年间，农民革命的风暴已席卷全国大部分地区，先后在全国各地兴起的起义军大小不下一百支，参加的人数达数百万，这其中就包括向海明起义。向海明（？—614），陕西扶风郡（今陕西凤翔县）人，起义前是扶风的一个僧人。大业九年（613）十二月，向海明在扶风自称"弥勒"出世，利用宗教为武器，号召农民跟随他起义，反抗暴虐的隋朝统治。陕西关中一带的百姓，都纷纷起来响应，他很快就聚集了有数万人的起义队伍，史书记载起义军从扶风起兵，转战于陕西中部、甘肃安定东部广大地区。后来隋朝派太仆卿杨义臣击败了向海明领导的起义军，向海明也下落不明。根据《隋书·炀帝纪下》《资治通鉴·隋纪六》《隋书·杨义臣传》等文献记载，向海明起义后，自称皇帝，建元白乌。而金方奇上的铭文中有"白乌二年"字样。

金方奇线描图

金方奇（背面）

据此，白述礼先生认为，这三件金方奇应该是向海明起义军的遗物，白乌元年是 613 年，白乌二年是 614 年，意味着金方奇距今也有近一千四百年的历史了。

第二种观点以青年学者马强为代表，他认为金方奇属于十六国晚期内迁时某一匈奴政权的遗物。马强认为方奇铭文中的"明明虨骘"没有避向海明之"明"字讳。《隋书》明确记载向海明已称帝，即便是向海明政权覆灭后，其旧部仍使用"白乌"这一年号，但避讳在当时是要遵从的。因此，通过"白乌"年号来断定方奇为向海明政权遗物的证据并不充分，其铸造者当另有其人。作者从"岁在戊午，三月丙申，朔九日甲辰"这一年代记载入手，检索了《二十史朔闰表》，发现符合这个纪年条件的有：东晋安帝义熙十四年、北魏泰常二年、大夏赫连勃勃昌武元年、西凉李歆嘉兴二年（418）、唐玄宗开元六年（718）。再用排除法，得出金方奇的年代应为公元418年，进而推测其应为十六国晚期文献漏载的某个内迁的南匈奴政权的遗物。公元417年，内迁南匈奴的某一支称帝并建元白乌，并于白乌二年（418）铸造了这三件方奇。此外马强还提出：方奇的构图与波斯萨珊王朝时期的美术风格相似，是丝绸之路上文化交流的又一例证，为研究十六国晚期内迁胡人的历史提供了实物资料。

关于金方奇的制作年代，第二种说法得到越来越多的学者认可。按照这种说法，金方奇距今已有一千六百年的历史了。而关于金方奇还有许多未解之谜：金方奇究竟是作何用途？为什么要铸造这几件器物，是有什么实际功用，还是单纯只具有权力的象征意义？如果是内迁匈奴留下来的文物，是不是与北方游牧民族的某些特殊习俗有关？诸如此类的许多问题虽然困扰着专家学者们，但也让金方奇蒙上了一层神秘的色彩，激起了广大学者甚至是普通参观游客的探知欲望，这或许就是文物的魅力所在。让文物活起来的一个重要方式就是专家把关，全民参与，共同探讨文物背后的故事，一起丰富祖国的优秀传统文化。

金冠饰

神秘的丝路宗教文物

这件文物出土时佩戴在墓主人头骨上，是用金箔镂刻、打压、锤揲而成，图案生动，线条流畅，构图以日月、神鸟、祥云为主要内容。据专家研究，这些图案具有浓厚的祆教风格。

这件文物出土于固原九龙山墓地的隋代墓葬。

九龙山墓群是 2004 年宁夏文物考古研究所配合银武高速公路建设时发现的，当时一共发掘了一百多座墓葬，其中明清墓葬六十多座，汉墓四十多座，隋墓四座。

四座隋墓都是粟特人的墓葬，出土了两枚古罗马金币及金冠饰、金带扣、金簪头各一件。最引人注目的是 33 号墓葬出土的金冠饰，这件文物出土时佩戴在墓主人头骨上，用金箔镂刻、打压、锤揲而成，图案生动，线条流畅，构图以日月、神鸟、祥云为主要内容。据专家研究，这些图案具有浓厚的祆教风格。

金冠饰

隋（581—618）

面饰宽39.7厘米，护颔饰长40.3厘米

2004年宁夏固原九龙山墓地出土

祆教又称火祆教、拜火教，产生于古代波斯。这种宗教的特点是拜火、拜天、天葬。祆教认为阿胡拉·马兹达是最高主神，是智慧之主，是全知全能的宇宙创造者，它具有光明、生命、创造等德行，也是天则、秩序和真理的化身。马兹达创造了物质世界，也创造了火，火是玛兹达的儿子，是光明和善的代表，因此祆教把拜火作为他们的神圣职责。他们不建神庙，不造神像，但有专职祭司，称为"麻葛"，是圣火与祭祀的管理人员。他们主持祭礼，行礼仪，敬奉圣火，使之长明不熄。由于祆教对火的崇拜，在中国也把这种宗教称为"拜火教""火教"。

南北朝时期，祆教随着粟特人入华而在中国大地传播开来。粟特人最早居住在中亚一带，以善于经商闻名于世，粟特商队凭借强大的财力，频繁地往来于丝绸之路沿线商道，并且长期垄断、操控丝路贸易。大多数粟特人信仰祆教，随着粟特人商业活动的开展，对祆教的传播产生了很大的影响。隋唐时期，信仰这类宗教的人很多，朝廷在长安、洛阳建有祆祠，配置专门的宗教领导进行祆教徒管理。

祆教有很多艺术特点。学者们对九龙山隋墓出土的金冠饰的图案进行了分析：图案共分四组，中间是一个月亮环抱着太阳，在祆教艺术里叫"两月环日"，是祆教中的经典概念；左右两侧各有一组对称的飞鸟装饰，对鸟的崇拜也是祆教的特征，在阿富汗所发现的公元 6 世纪的一件银盘中，也有日月崇拜与鸟神的图案；第三组是左右两侧各有一个太阳，与第一组类似；第四组形象，类似蝉的形状。在中亚地区，日月冠是非常普遍的一种头冠。在中国境内出土的粟特人墓葬中，也有日月崇拜的图像。通过日月形图案和鸟形图案这两个特点，证明这件冠饰应该是祆教的遗物。

此外，与冠饰同时出土的还有一件下颌托。下颌托呈长条带状，中部隆起，呈椭圆形，椭圆面上锤揲出菱形纹，一端呈圆弧状，另一端近方形，各有一小穿孔，器物四周和冠饰一样，锤揲有圆点纹。有的学者指出，祆教的祭司在祭祀的时候，要戴上口罩，因为他们认为人的呼吸是不洁净的，所以在祭祀时要避免将口腔的污物沾染到祭坛，因此认为下颌托就代表祭祀的口罩。

根据金冠饰和下颌托的内涵，学者们认为九龙山 33 号墓的墓主人应该是祆教的一名主祭司。隋唐时期，丝绸之路上的文化与贸易交流非常繁荣，固原一带正处于丝绸之路东段北道的必经之地，包括宗教在内的各类文化艺术通过丝绸之路相互交流，相互影响，促进了当地文化的繁荣和发展。九龙山墓地出土的金冠饰正是丝路文化的见证之一。

胡旋舞石刻墓门

舞因动而美 心因舞而飞

胡旋舞石刻墓门的整个画面构思精妙，主题突出，人物面部表情生动自然，体态轻盈健美，舞姿迅疾奔放，充满了欢乐的生活气息，是中西文化交流的重要产物。

在宁夏博物馆的通史展厅，陈列着一件很特殊的文物——胡旋舞石刻墓门。这件文物是宁夏博物馆三件国宝级文物之一。1985 年 4 月，时任宁夏博物馆副馆长、文物考古工作队队长的吴峰云主持了宁夏盐池县苏步井乡窨子梁唐墓的发掘工作。这次发掘最大的收获就是在六号墓出土了双扇雕有胡旋舞图案的石刻墓门，这类文物在唐代墓葬中属首次发现。出土时，它是成套的两扇紧闭的石门，单扇石门呈长方形，长 88 厘米，宽42.5 厘米，厚 5.4 厘米，上下有圆柱状榫，两扇门面闭合处各有一孔，出土时用铁锁锁扣。每扇石门正中各浅雕一胡人形象的男伎，站立在一块编织精美的小圆毯上，双人对舞胡旋舞，四周剔刻的浅浮雕卷云纹，似舞伎

胡旋舞石刻墓门

唐（618—907）

长88厘米，宽42.5厘米，厚5.4厘米

1985年宁夏盐池县苏步井乡窨子梁唐墓出土

胡旋舞线描图

腾跃于云气之中，造成流动如飞的艺术效果。整个画面构思精妙，主题突出，人物面部表情生动自然，体态轻盈健美，舞姿迅疾奔放，充满了欢乐的生活气息，是中西文化交流的重要产物。这件文物一经发现就引起了不小的轰动，鉴于它珍贵的历史价值和艺术价值，被国家文物局专家评定为国宝级文物。

胡旋舞石刻墓门为什么如此珍贵？为什么被认定为国宝级文物？这首先得从胡旋舞来谈起。

胡旋舞是唐代非常盛行的一种舞蹈。唐代舞蹈主要分健舞、软舞两种，健舞主要表现矫健之美，软舞主要表现柔和之美，胡旋舞属于健舞。胡旋舞的特点是动作轻盈、急速旋转、节奏鲜明，因为在跳舞时须快速不停地旋转而得名"胡旋舞"。伴奏音乐以打击乐为主，与它快速的节奏、刚劲的风格相适应。

在现阶段，对胡旋舞风格特征的考证，多来自古人诗词当中的记载。白居易的著名诗作《胡旋女》，将胡旋女的姿态神情跃然纸上："胡旋女，胡旋女，心应弦，手应鼓。弦鼓一声双袖举，回雪飘摇转蓬舞。左旋右转不知疲，千匝万周无已时。人间物类无可比，奔车轮缓旋风迟。曲终再拜谢天子，天子为之微启齿。胡旋女，出康居，徒劳东来万里余……"诗中说，胡旋女在鼓乐声中急速起舞，像雪花在空中飘摇，像蓬草在迎风飞舞，连飞奔的车轮都觉得比她缓慢，连急速的旋风也觉得逊色了，左旋右旋不知疲倦，千圈万周转个不停，转得那么快，观众几乎不能看出她的脸和背……这种描写突出了旋转技巧是胡旋舞的主要特点。著名诗人元稹也写有《胡旋女》一诗，对胡旋舞的伴奏音乐和舞容舞态也有相当精彩的描写："蓬断双根羊角疾，竿戴朱盘火轮炫。骊珠迸珥逐飞星，虹晕轻巾掣流电。潜鲸暗吸笡波海，回风乱舞当空霰……"从以上诗句中，我们可以想象胡旋舞"逐星掣电、回风狂舞"的精彩表演。《新唐书·五行志》记载："胡旋舞，本出康居，以旋转便捷为巧，时又尚之。"宫廷"九部乐""十部乐"中的"康国乐"舞蹈"急转如风"说的就是胡旋舞。可见，"轻快地旋转"构成了胡旋舞的主要风格与特色。胡旋女的服饰为宽摆长裙，头戴饰品，长袖摆动舞起胡旋舞时，身如飘雪，令人眼花缭乱。

胡旋舞是通过丝绸之路传来的西域旋转性的舞种。胡旋舞是什么时候从西域传入中原的，众说不一。从文献记载看，可以追溯到北周；从出土文物上看，除了盐池苏步井的石刻墓门外，以胡旋舞为题材的图案，在甘肃敦煌莫高窟唐代壁画、陕西西安碑林唐代碑刻、旧藏唐代玉带饰上，以及河南安阳北齐范粹墓出土的一件黄釉陶瓶上都有所发现。

苏步井窖子梁发掘出土的珍贵文物，除了六号墓门上的胡旋舞外，三号墓还出土了珍贵的墓志铭。这些文物都与一个古老的民族——粟特人有关。粟特人是丝绸之路上一个非常能干的民族，也是中亚一代非常活跃的民族。在大漠戈壁中，世世代代的粟特人风餐露宿，进行着艰苦的商业贸易，这种生活方式造就了这个民族特有的精神气质。粟特人的音乐曲调大多哀婉悲凉，怀有对人生感叹之情，在舞蹈中更增添了别致的风格，胡旋舞正是古粟特人创造的舞蹈。史书称粟特人为"昭武九姓"——康、安、曹、石、米、何、火寻、戊地、史，以康姓为首，所以胡旋舞又名《康国舞》。《新唐书·西域传》云："康国人嗜酒，好歌舞于道，对胡旋舞尤为醉心。"

粟特人的国家后来被突厥所灭，但留存下来的粟特人都以"昭武"为姓，以示不忘自己的故乡，纪念自己的国家。公元679年，唐朝剿灭了东突厥政权后，在今天的乌审旗、鄂托克旗至宁夏灵武、盐池一带，置鲁、丽、塞、含、依、契六州安置突厥部落，总称为"六胡州"。唐代薛逢《送灵州田尚书》诗云"九姓羌浑随汉节，六州蕃落纵戎鞍"，形象地说明了当时九姓部落降唐后入塞的盛况。"昭武九姓"部落随突厥部落入塞后也

胡旋舞石刻墓门（局部）

在"六胡州"一带生活，这就是粟特人迁徙到西北以后的新居地。

从窖子梁三号墓出土的墓志盒上的文字得知，墓主人为降唐的"六胡州"官吏，姓何，唐时随本部入塞，于唐武周久视元年（700）去世，属月氏人，一开始居住在祁连山北边"昭武城"，后来到了康国，隋朝时属东突厥，后来归附唐朝。出土胡旋舞墓门的苏步井窖子梁，唐代就属鲁州之地。粟特人对本民族的舞蹈历来有着特殊的情怀与热衷，在他们墓穴的石棺床或墓道石刻建筑物上，必然出现形象而生动的胡旋舞画面。如此一来，胡旋舞石刻墓门出土在盐池的苏步井，就不足为奇了。

牵马俑与马俑

茫茫丝路伴君行

这件牵马俑的服饰、造型极具西域胡人特点，表现了西域胡人通过丝绸之路行走经商的真实场景。这些往来于东西方之间的胡人为中西文化交流作出了巨大贡献。

吴忠市北郊唐墓于 2005 年 3 月在兴修明珠花园和商住楼时发现。共清理发掘 107 座唐代砖室墓，出土文物数量不多但其中不乏精品，最引人注目的是在编号 110 的墓葬中出土的几件陶俑，保存完整，造型精致，堪称艺术精品。

这件牵马俑头上戴着前倾幞头，内穿圆领窄袖的衣裳，外面套着翻领窄袖的袍子，束着腰带，下身穿长裤，足蹬一双尖头长靴，双臂曲于胸前，双手握拳站在踏板之上，拳呈筒状，应该是原来握有牵马的绳索之类。踏板呈长方形，较薄。俑的眉骨宽凸，眼睛深陷，颧骨高大，络腮大胡，体型彪悍，头向右偏转，眺视前方。这件俑的服饰、造型极具西域胡人特点，

牵马俑与马俑

唐（618—907）

牵马俑高64厘米，陶马高67厘米

2005年宁夏吴忠市北郊唐墓出土

表现了西域胡人通过丝绸之路行走经商的真实场景。这些牵马、赶驼往来于东西方之间的胡人使节和商贾，不仅为唐朝社会带来了当地的特产和浓郁的异域文化，也将丰富多彩的大唐文化传往西方，为中西文化交流作出了巨大贡献。

在汽车发明以前，马是人类最重要的交通工具。汉武帝派张骞出使西域，其目的之一就是到大宛国等西域诸国寻找著名的大宛马。有了良马，军队的战斗力便会大大提升，在冷兵器时代，拥有一支骑兵队伍就如拥有一辆重甲坦克。有了良马，也能使穿梭于各国之间的僧侣、商人等的交流、贸易更

牵马俑

加便捷。至今人们仍津津乐道的丝绸之路、茶马古道，都是马蹄踩踏出来的经贸之路。正因为马如此重要，自古以来马便在艺术作品中占据了举足轻重的地位。这件唐代的陶马，造型非常逼真。头向右顾，四肢坚实有力，站立于长方形踏板上。腹部空，臀部浑圆，尾部有一圆穴，可能是插马尾之用。马面部两侧和腹下部及腿部施有红彩。

唐代诗人岑参有诗云："一驿过一驿，驿骑如星流；平明发咸阳，暮及龙头山。"生动形象地描绘了骏马奔驰于丝绸之路各大驿站的情景。

除了牵马俑外，宁夏还出土了骆驼俑、胡人俑、仕女俑等各类陶俑。唐朝是中国封建社会发展的鼎盛时期，社会安定，经济发展，为陶俑制作提供了雄厚的物质基础。唐代陶俑所表现的内容，几乎囊括了社会生活的各个方面，不但在艺术上有很高的成就，而且是研究唐代社会生活、中外关系的宝贵资料。宁夏出土的唐代陶俑内容丰富，题材广泛，是唐代国力强盛、社会思想开放包容的反映。

三彩镇墓兽俑

忠诚凶猛的墓中卫士

宁夏是丝绸之路东段北道的必经之地，许多墓葬的出土文物具有外来文化的特点，表现在镇墓兽和其他陶俑形象上也是如此，这反映了丝绸之路文化的多元性和唐朝文化包容开放的特点。

镇墓兽是我国古代墓葬中常见的一种怪兽。古代人认为，阴间有各种野鬼、恶鬼，会危害死者的魂魄，因此设置镇墓兽的目的首先是为驱邪，以佑护死者亡魂的安宁。镇墓兽有人面、鹿面之分，构思奇特，形象狰狞。

这件镇墓兽呈蹲坐状，人面兽身，头顶有高独角；圆脸，双眉紧蹙，眉弓凸出，眼球圆鼓，颧骨高凸，鼻梁较高，嘴大唇厚，络腮人胡，两耳外翻，大耳如蚌形壳；后腿弯曲作蹲踞状，前足直立，前胸圆鼓凸出，下腹内收，身着甲胄，蹲坐于高台座上。气势威猛，形象狰狞。该镇墓兽面部不施釉，仅在眉弓、耳翼等处饰黑、红彩。体与座施绿、褐、黄釉，在兽腹部为色彩不同的条斑，其余为各色相间的彩斑。胎为土白色，质地坚

三彩镇墓兽俑

唐（618—907）
高36厘米，宽13.8厘米
宁夏博物馆旧藏

硬。值得注意的是，这件镇墓兽的整个面部似胡人形象。唐代丝绸之路极度繁荣，宁夏是丝绸之路东段北道的必经之地，许多墓葬的出土文物具有外来文化的特点，表现在镇墓兽和其他陶俑形象上也是如此，这反映了丝绸之路文化的多元性和唐朝文化包容开放的特点。

关于镇墓兽的起源，可从文献记载和考古出土文物两个方面去探寻。对镇墓兽记载最早的文献是《周礼》，其中有云：有一种怪物叫魍象，好吃死人肝脑；又有一种神兽叫方相氏，有驱逐魍象的本领，所以常立方相氏于墓侧，以防怪物的侵扰。这种方相氏有黄金色的四只眼，蒙着熊皮，穿红衣黑裤，乘马扬戈，到墓圹内以戈击四角，驱逐魍象，保护逝者厂身和魂魄。所以有学者认为，使用镇墓兽的习俗，就是从方相氏的传说演化而来。传说方相氏还与一个女人有关，此人就是黄帝的第四个妃子——嫫母。黄帝时期，当时的部落重德不重貌，因此黄帝娶了一位

三彩镇墓兽俑（侧面）

十分有德行的女子，名叫嫫母。嫫母长得并不好看，甚至可以说是十分丑陋，但黄帝却并不在乎，还说："重美貌不重德者，非真美也，重德轻色者，才是真贤。"因此，黄帝与嫫母，以及正妻嫘祖，还有黄帝的另外两个妻子生活得十分和谐美满。可惜天有不测风云，有一天嫘祖不幸病逝了，于是黄帝便让嫫母为嫘祖守墓，而她这一守就是一辈子，不仅毫无半点怨言，而且每年都将嫘祖的祭祀安排得十分妥当。最后，黄帝就封嫫母为方相氏，寓意着她可以驱邪避恶，让逝去的人可以得到安宁。从此以后，人们就参照嫫母的相貌，制成了方相氏，而方相氏也就成了一种镇墓兽。

从考古发现的情况来看，镇墓兽最早见于战国时期的楚墓，流行于魏晋至隋唐时期，五代以后逐渐消失。镇墓兽的制作，早期为木质、骨质、铜质等，陶质较少，后期主要为陶质和唐三彩。金属和石制品极为少见。

葵边鸾兽铜镜

宝镜似水映千年

铜镜是古人鉴容理妆的青铜用具。唐代的铜镜以其先进的工艺、新颖的题材、华美的纹饰、灵活多样的造型达到了中国铜镜艺术前所未有的鼎盛时期。

　　唐代诗人施肩吾有一首题为《佳人览镜》的诗作，其中有两句诗："每坐台前见玉容，今朝不与昨朝同。"字句之间，佳人独坐镜前的情景跃然纸上：一个风姿绰约的女子坐在化妆台前，对着铜镜梳妆，有一些期待，也有一些惆怅……佳人览镜，永远是一个浪漫温情的主题，也让青铜艺术中的灿烂瑰宝——中国铜镜，著称于世。

　　铜镜是古人鉴容理妆的青铜用具。它们正面光滑明亮，用以照映人的面庞，背面或者光素，或带有精美的装饰。铜镜的装饰大多数和镜身一道铸出，如果是后加的装饰，一般以彩绘或錾刻手法做出，更为华美的则嵌饰蚌片，甚至金银、玉石之类的高级材料。已知中国最早的铜镜出土于齐

葵边鸾兽铜镜

唐（618—907）

直径22厘米

宁夏博物馆旧藏

家文化的墓葬里，距今大约四千年，造型、装饰都比较原始。商、西周和春秋时期，铜镜都有零星发现，到战国中晚期的时候，开启了铜镜最早的艺术高潮。到了汉代，由于日常生活的大量需求，加上西汉中期以后经济繁荣发展，铜镜制作产生了质的飞跃，所制的铜镜工艺精良，质地厚重，图案丰富多样。然而汉代以后，由于社会动乱等原因，铜镜的发展沉寂了大约五百年。到了唐代，铜镜又气象日新，唐玄宗时，铸镜业鼎盛，达到了中国铜镜史的巅峰。到了九世纪，铜镜艺术进入低迷阶段。由宋至清，虽然也出现了少数优秀的作品，但铜镜已经淡出了艺术的主流。到了清代，铜镜逐渐被玻璃镜取代。

唐代是中国封建社会的繁荣时期，中西文化交流频繁，这个时期的铜镜以其先进的工艺、新颖的题材、华美的纹饰、灵活多样的造型达到了中国铜镜艺术前所未有的鼎盛时期。唐代在铜料中增加了锡的比重，使铜料的颜色净白如银，制成的铜镜青光闪闪，镜面平滑光洁，而铸造工艺上也颇有创新，出现了金银平脱、螺钿、贴金贴银等特种工艺镜。同时，铜镜的造型也打破了传统的圆形，创造出了各种花式镜，有宝相花镜、菱花镜、八菱镜、八弧镜、四方委角花式镜等。图案题材更是多种多样，有花鸟鱼虫、珍禽异兽、神话传说、历史故事、宗教以及社会生活等。纹饰的表现手法富于写实，具有较高的艺术造诣。图案多用高浮雕技法处理，花纹组织完美得当，和谐大方。

宁夏博物馆收藏的这面葵边鸾兽铜镜，葵边，圆钮，宝相花座，钮低而大，给人以浑厚、凝重之感。边缘作葵叶形，镜背面铸有相对的鸾凤和神兽，鸾凤展翅欲飞，神兽四足腾空，极富动感。这面镜了镜体较为厚重，特别是铜镜合金中锡的成分较多，因而颜色净白如银。镜面较大，制作精美，光莹照人，彰显着大唐盛世的气度与荣耀。

在铜镜漫长的发展过程中，它的使用阶层、功用都在慢慢变化。春秋战国至秦时期，一般都是王宫贵族才能拥有。到西汉末期，铜镜逐渐走向民间，是人们不可缺少的生活用具。古代女子出嫁时，铜镜是必不可少的嫁妆，在成婚之日，新娘要向铜镜和美玉行跪拜大礼，拜镜表示求平安，拜玉表示求子。另外，在古人的观念中，铜镜被普遍认为具有避邪消灾的作用，例如汉代铜镜铭文中就常见"去不""辟不祥""避去不祥"的字样。由于对铜镜的迷信，人们还常常用镜子来预卜吉凶，文献中称为"镜听"。"镜听"起源于何时，今天已无法得知，但从一些资料看，早在唐代以前就已非常普遍。唐代大诗人王建的《镜听词》，写的就是一个贫家妇女凭"镜听"来占卜她出门在外的丈夫的归期和吉凶。古人对镜子的崇拜，在今天的一些民俗中还有遗留，例如在我国北方的许多地区，人们常常在自家的大门上镶嵌或悬挂一面明镜，据说它可以"避邪驱鬼"。总之，中国铜镜文化源远流长，是我国优秀传统文化里的一颗璀璨明珠，光彩夺目，熠熠生辉。

吕氏夫人墓志

一石破天 千古之谜就此解

这一方吕氏夫人墓志,形制虽无特殊之处,但它一出土就被宁夏考古专家称为"一石破天!"究其原因,是因为其墓志铭文解开了一个千古之谜。

2003 年 5 月 8 日,在宁夏吴忠市古城绿地公园一唐墓中,出土了一方吕氏夫人墓志。这块墓志为土黄色砂石质地,四周无纹饰。此墓志形制虽无特殊之处,但它一出土就被宁夏考古专家称为"一石破天!"它是唐代考古重要的发现成果,在宁夏史学界乃至中国唐史研究界引起强烈反响。为什么一方普通墓志的出土,竟引起如此大的反响呢?这首先得从吕氏夫人墓志的内容说起。

墓志铭题为"大唐故东平郡吕氏夫人墓志铭并序",全部铭文共十八行,三百一十八字,楷体,原文为竖写、自右向左排列。全文为:

"夫人先君讳润,以声华双美,词翰两全。为将,怀军旅之谋;在公,

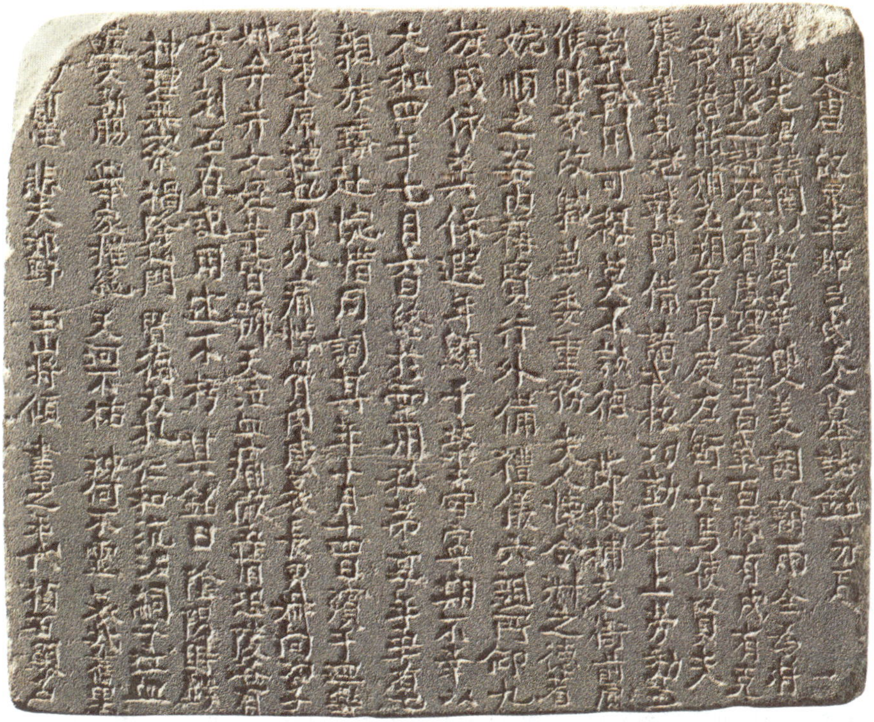

吕氏夫人墓志

唐（618—907）

长32厘米，宽23厘米，厚8厘米

2003年宁夏吴忠市西郊唐代墓葬群出土

有处理之策。百战百胜，有成有克，元戎籍能，补充朔方节度左衙兵马使。贤夫张自谨，身继辕门，备谙戎旅，功勤奉上，劳效益彰，干用可称，莫不谈德。节使补充衙前虞侯，昨蒙改职，兼委重务。夫人怀令淑之德，著婉顺之姿，内称贤行，外备礼仪，六亲所仰，九族咸依，冀保遐年，显於荣寿。宁期不幸，以太和四年七月六日终於灵州私第，享年五十有七。亲族臻赴，惋惜同词。其年十月十四日殡於回乐县东原，礼也。内外痛悼，骨肉咸哀。长男叔向，次子叔弁，并女侄等，皆号天泣血，痛彻五情。恐陵谷有变，刻石存记，用述不朽。其铭曰：阴阳时亏，神理无察，祸降私门，贤德拔札，仁和沈泥。嗣子泣血，贤夫断肠，举家摧绝，天河（何）不佑，神何不灵，哀哉旧裹（里），□□坟莹，悲夫郊野，玉山将倾，书之五代，祯石显名。"

通篇墓志共讲了三个人物。首先是吕氏夫人的父亲吕润，"声华双美，词翰两全"，有勇有谋，战功卓著；吕氏夫人的丈夫张自谨也是熟悉军旅生活的人，敬业忠诚，踏实肯干；吕氏夫人本人容貌姣好，德才兼备，是一位贤妻良母，不幸的是，公元830年她去世于灵州的家中，亲人朋友都悲痛地悼念她……观其内容，该墓志介绍了唐代晚期灵川一个官宦之家的家世家风，反映了当时的社会风俗和伦理观念。但是，之所以称为"一石破天"，关键在于"以太和四年七月六日终於灵州私第……其年十月十四日殡於回乐县东原……"这段关于吕氏夫人丧葬日期、家庭住址及埋葬地的文字，解开了一个千古之谜！多年来，有关唐灵州城的确切地点在学术界一直争论不休，到底是在今天的灵武市还是吴忠市，没有定论。吕氏大人墓志的这一记载直接佐证了唐灵州城就在今天吴忠市的史实。

灵州始建于西汉惠帝四年（前191），是历朝历代安置归附少数民族的地方。唐代，太宗李世民曾亲临灵州招降雄居北方的突厥、铁勒首领，成就一代大业。"安史之乱"爆发后，李隆基避乱入蜀，太子李亨于灵州登基，指挥全国平定叛乱，中兴唐室，灵州一时成为军事重镇和权力中心。但是到了明朝洪武初年，曾经盛极一时的古灵州城被黄河激流冲毁，仅存断垣遗址。时光流转，岁月更迭，时至今日，真正的古灵州城的位置成了未解之谜。长期以来，有关专家为寻找、确定古灵州的位置煞费苦心，但一直没有结果，直至吕氏夫人墓志的发现才让这一问题变得明晰。"吕氏夫人墓志铭"明确无误地记载：吕氏夫人在唐文宗大和四年（830）七月六日逝于灵州家中，并且于当年十月十四日埋葬在灵州"回乐县东原"。回乐县正是唐灵州城的治地，吕氏夫人死在灵州，葬在灵州，而吕氏夫人的墓葬连同墓志这件物证一起于2003年5月8日在吴忠市东区绿地公园出土。宁夏知名学者白述礼先生指出：既然墓葬在回乐县，也就是古灵州城（今吴忠）东原，即古灵州城的东区，那么古灵州城必然在墓地以西。绿地公园在吴忠市东，绿地公园以西正好有吴忠古城镇的古城村。因此，古灵州城定位应在吴忠市黄河东岸的古城村，而吕氏夫人墓志铭就是古灵州城在今宁夏吴忠市不需要讨论的铁证。

鎏金铜牛

传奇国宝 一眼千年

该文物集塑形、铸造、鎏金、抛光等诸多工艺于一身，代表了西夏最高的铸造工艺水平，真正达到了以形传神、神形兼备的艺术境界，是西夏时期冶炼铸造技术的经典代表作品。

在中华民族的历史舞台上，在古丝绸之路的必经之地，曾经活跃过一个非常神秘的政权——西夏。西夏在其存在发展过程中创造了灿烂的文化，是中华民族优秀传统文化的一部分。然而，《二十四史》中有《宋史》《辽史》和《金史》，唯独没有《西夏史》，西夏因而成为中国历史上最神秘的一个王朝。很长一段时间，人们对西夏历史的认识仅仅停留在史书寥寥的记载中，直至 20 世纪 70 年代西夏王陵的发现，才使得西夏王朝的神秘面纱终于向世人揭开。随着西夏王陵的发现，神秘王国西夏的众多谜团初步破解，而国宝级文物鎏金铜牛的出土，无疑是西夏王国辉煌历史与沧桑岁月的最好见证。

鎏金铜牛

西夏（1038—1227）
长120厘米，宽38厘米，高45厘米
1977年宁夏银川市西夏陵区出土

鎏金铜牛，出土于西夏王陵101号陪葬墓。铜牛长120厘米，宽38厘米，高45厘米，重达188公斤。整座铜牛造型独特，取跪卧姿势，双角弯曲，双耳椭圆直立，鼻子微微向上翘，眼睛圆睁而且向外突，注视着远方，好像劳累一天的老黄牛在跪卧休息时，猛然间听到远处主人的呼唤，抬头远视而目闪灵光的神态。特别是它的颈部肌肉线条非常清晰、流畅，从侧面静静地去欣赏它，好像真的能够感觉到有一根健壮的脊椎，从颈部一直延伸到尾部，用"形象逼真""栩栩如生"这样的字眼形容是再恰当不过的。铜牛双眼炯炯有光，却又呈现温驯之态，神情极似鲁迅先生笔下的"孺子牛"。该国宝级文物集塑形、铸造、鎏金、抛光等诸多工艺于一身，代表

鎏金铜牛（局部）

鎏金铜牛（正面）

鎏金铜牛出土现场

了西夏最高的铸造工艺水平，真正达到了以形传神、神形兼备的艺术境界，是西夏时期冶炼铸造技术的经典代表作品。

　　鎏金铜牛的发现很偶然。1977 年冬，考古专家们进入地下 21 米深，有着"东方金字塔"之称的西夏王陵，却发现文物已被盗墓者洗劫一空。在考古工作接近尾声的时候，室内仍没有发现像样的文物，所有人都懊恼不已，这时一名年轻的考古队员又探查了一下早已塌毁的甬道，猛然间，两只金灿灿的东西"破土而出"，当时大家还以为是暗器，慌忙闪躲，非常惊恐，定神之后，有人用手电筒照了照，才发现两只牛犄角从墓葬坍塌的甬道中暴露出来。原来，自然坍塌的甬道填土正好盖住了鎏金铜牛，让它躲过了盗墓者的贼眼，而留存至今。看到牛角，大家又都精神振奋地凑拢过来，经过一番精心发掘，一尊生动形象的鎏金铜牛终于显露在大家眼前，它制作精美，金光灿灿。与鎏金铜牛一起出土的还有一尊大石马，是西夏石刻艺术中的精品，重达 355 公斤，是由一整块白砂石一点点削刻而成，整体采用通体圆雕的雕刻手法。马头稍垂，颈部弯曲，如同真马，雕刻手法粗犷中又不失细腻之感，比例匀称，尤其是马的臀部，线条流畅，给人以有血有肉的生命感，马鬃整齐流畅地披散在脖子上，表现出了丰富的层次，生动再现了西夏马的形象。

铜牛、石马一起发现，马头冲外、牛头冲内，因为党项人乘马出则征战，牵牛入则耕作，且牛和马为生活中常见的大型牲畜，是一种财富的象征，二者作为陪葬品同时出现也是西夏葬风葬俗的体现。

鎏金铜牛的出土一方面反映了西夏青铜铸造工艺的高超水平，说明西夏的青铜冶铸技术和表面装饰工艺都有很大的进步，与中原王朝大致相当。鎏金铜牛的浇铸采用了传统的外范内模制作技术，并使用金属模具。表面装饰采用了中国传统的金属装饰工艺鎏金技术，这种金属表面的鎏金装饰工艺流程有一定的难度，要求工匠有高超的技艺。另一方面，西夏墓葬中随葬如此精美健硕的铜牛，说明了牛和牛耕在西夏农业生产中的重要地位，为西夏农耕化的过程提供了实物佐证。

吉祥遍至口和本续
改写人类印刷史的重大发现

《吉祥遍至口和本续》是迄今为止世界上发现最早的木活字版印本实物。这一结论将木活字的发明和使用时间向前推了一个朝代，对研究中国印刷史和古代活字印刷技艺具有重大价值。

活字印刷术是中国古代四大发明之一，是印刷史上一次伟大的技术革命。北宋庆历年间，毕昇发明的泥活字，标志着活字印刷术的诞生。以前的研究表明，元代王祯成功创制了木活字。然而，实际上我国发明木活字的年代比元代还要早一个朝代！在我国北宋时期，地处西北的党项人已经发明了木活字印刷。是什么文物改写了人类印刷史呢？这就是《吉祥遍至口和本续》。

1991 年 8 月至 9 月，宁夏的考古学家们在位于银川市附近的贺兰山拜寺沟深处的西夏方塔废墟中，发掘出土了三十余种珍贵的西夏文、汉文文献。其中篇幅最大、保存最完整的一部被西夏学者们定名为《吉祥遍至

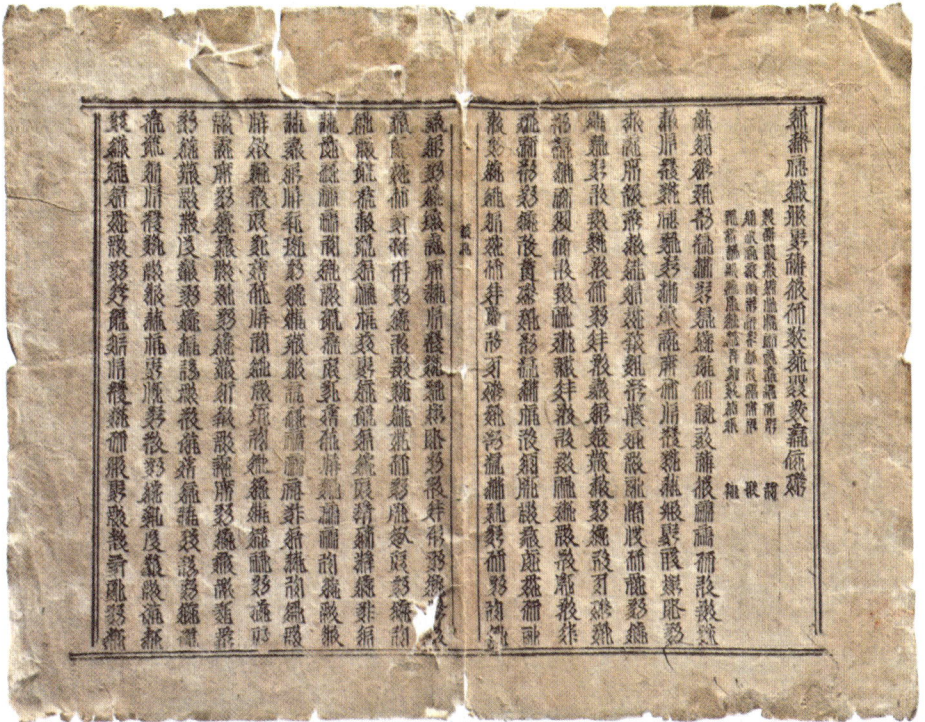

吉祥遍至口和本续

西夏（1038—1227）

全页版框纵30.7厘米，横38厘米

1991年宁夏贺兰县拜寺沟方塔出土

口和本续》，与它同时出土的还有这部续典的多种释论，即《吉祥遍至口和本续之要文》《吉祥遍至口和本续之广义文》《吉祥遍至口和本续之解生喜解疏》等。

九册《吉祥遍至口和本续》的正文（简称《本续》），为蝴蝶装，约十万字，最少的十七页，最多的三十七页，全部为西夏文。完本有封皮、扉页，封皮左上侧贴有长条书签，书名外环以边框。封皮纸略厚，呈土黄色，封皮里侧有背纸。每页版框四界有子母栏，栏距上下23.5厘米，无界格，半面左右15.2厘米，两半面间距1.2厘米，上半为书名简称，下半为页码，页码有汉文、西夏文、汉夏合文三种形式。每半面十行，每行二十二字，每字大小1厘米左右，通篇字体繁复、周正、秀美。《本续》是海内外现存的西夏文佛经之一，一经发现就在学术界乃至社会各界引起了广泛关注。每册佛经卷首题记记载了佛经的著者、传者、译者及其称号。学者们一致指出，该文献对考古学、西夏学、佛学、藏学、文献学、图书史、文化史等方面都具有重要研究价值。据查，《本续》未见著录，可能藏文原本早已失传，《本续》成为目前该经文唯一传本。

西夏学专家牛达生先生最早提出《本续》是西夏木活字版并撰文论述，因为该经书的内容在印刷中有版框栏线交角处缺口大，版心行线与上下栏线不相接，同一面同一字笔锋形态不一，栏线及版心行线漏排、省排，经名简称和页码用字混乱，有错排、漏排、数字倒置等活字版印本特征。这一观点引起国内外普遍关注。1996年11月6日，文化部组织全国著名专家组成鉴定委员会对牛达生先生的研究成果进行鉴定，俞伟超任主任委员，潘吉星和郑如斯任副主任委员，委员会由徐苹芳、史树青、冀淑英、史金波等十二位考古、西夏史、佛教、印刷、版本、纸张、文献等不同领域的全国知名专家组成。专家们经过认真考察、鉴定和讨论，对这一研究成果给予充分肯定，并一致通过了鉴定意见："《吉祥遍至口和本续》是迄今为止世界上发现最早的木活字版印本实物。"这将木活字的发明和使用时间提早了一个朝代，对研究中国印刷史和古代活字印刷技艺具有重大价值。《吉祥遍至口和本续》在 2002 年召开的中国档案文献遗产工程国家咨询委员会会议上通过了评审，荣登第一册《中国档案文献遗产名录》，同年又被国家文物局列为第一批禁止出国境展览的善本文献之一。

力士志文支座造像

力撑座兮气盖世

这一方力士志文支座是西夏陵区出土的十一方力士志文支座中唯一刻有文字的，极为珍贵，因此被评定为国宝级文物。

从 20 世纪 70 年代开始，在西夏陵区的碑亭遗址中出土了十一方独具特色的石雕力士志文支座造像，这些造像也被称为人像石座。它们大同小异，面相丰腴饱满，神态自若，体态雄健，憨实可爱，在西夏各类石刻品中特色鲜明，独树一帜。

宁夏博物馆收藏的这件力士志文支座为圆雕男性人像，白砂石质，近似正方体。面部浑圆，颧骨高突，粗眉上翘，双目圆睁且外突，鼻梁短粗，獠牙外露，下颚置于胸前，裸体，腹有肚兜，肩与头齐，肘部后屈，双手托膝，下肢屈跪，背部平直。座顶左上角阴刻西夏文三行，共计十五个字。第一行四字汉译为"小虫旷负"；第二行四字汉译为"志文支座"，这正

力士志文支座造像

西夏(1038—1227)
长68厘米，宽65厘米，高62厘米
1974年宁夏银川市西夏陵区6号陵出土

是这件文物名称的由来；第三行七字汉译为"瞻行通雕写流行"。背部阴刻汉文一行六字"砌垒匠高世昌"，这是西夏石雕工匠的姓名。雕像以夸张的手法表现了负重者的神态，反映出西夏时期石雕艺术的独特风格。这一方力士志文支座是西夏陵区出土的十一方力士志文支座中唯一刻有文字的，非常珍贵，因此也被评定为国宝级文物。

至于支座的用途和内涵，当前有多种说法，其中有一种说法比较流行。西夏皇帝崇信佛教，定佛教为国教。据说佛祖释迦牟尼涅槃时，为他抬棺木的是古印度末罗国的末罗族人。末罗族人对释迦牟尼佛无比信奉和崇拜，并且他们力大无比，佛经中称他们为"力者法师"。西夏皇帝死后，以佛教为国教的西夏皇室根据佛经记载，雕刻"力者法师"碑座，为驾崩的皇帝抬功德碑。"力者法师"不仅为西夏皇帝抬碑，还有保卫功德碑

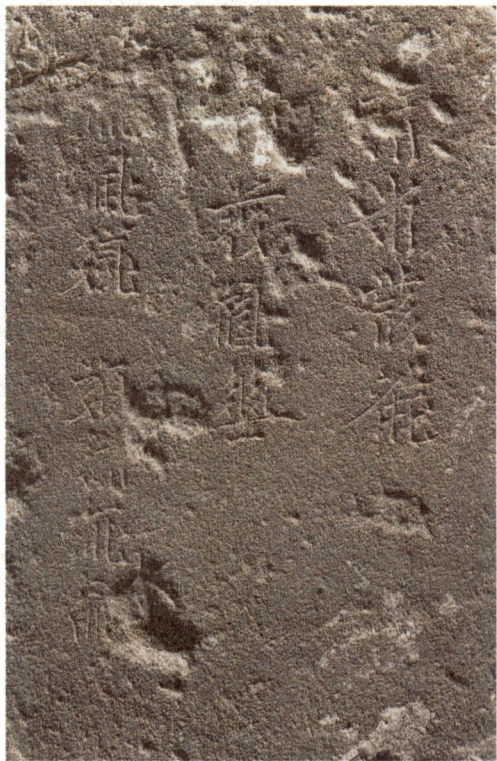

力士志文支座铭文

与陵墓安全的作用。

西夏陵出土的力士志文支座，从审美的角度看，具有以下两大特点：

第一是威严和气势。这些力士志文支座造像的眼球外凸，双目圆睁，獠牙外露，而且脸部雕刻极有凹凸感。西夏时期的能工巧匠们通过夸张的艺术手法向人们传递着一种不可侵犯的威严和强大雄伟的气势。

第二是力量与力度。这些力士志文支座造像的双手要么下撑于地，要么上托支撑某物，但无论哪种情况下，其粗大的手指和壮实的双臂总能给人一种磅礴的力量感。这种力量感还来自其通身裸体的表现形式。佛教中的金刚力士像的造型往往是上身裸体，肌肉饱满，躯干魁伟，作愤怒相，有的手执金刚杵。

西夏力士志文支座的艺术风格接近于唐代的艺术风格。这是因为西夏王朝的建立者党项族从公元七世纪内迁以来，便与唐王朝有着频繁的交往，在唐王朝的统治之下羽翼渐渐丰满。唐文化对党项族的浸染长达三个世纪，西夏各类艺术都深受唐文化的影响，二者的诸多艺术形式都具有蓬勃向上、开放大气以及开拓包容的特点。因此，在探究西夏文化的渊源上，唐文化是极其重要的源头之一。

琉璃鸱吻

好望喜吞避灾邪

　　什么是鸱吻？鸱吻，又称"鸱尾""蚩尾""大吻""兽吻""正吻""龙吻"，是中国传统木结构建筑屋顶上的装饰物之一，通常是置于屋顶正脊两端的瓦制兽形构件。正脊，是指屋顶正中前后两坡交汇的屋脊，安置在正脊两端的兽形构件就是鸱吻。鸱吻是何时应用到建筑上的，当前有两种说法。一说是在西周时期我国古代建筑的屋顶就已经有鸱吻这种艺术形式了。《诗经·斯干》中说："筑室百堵，西南其户""如跂斯翼，如矢斯棘""如鸟斯革，如翚斯飞"。意思是说房屋四隅有棱角，像箭头一样。宫室四面的飞檐上有华丽的装饰，而且形势张开，如稚鸟飞翔的姿态。根据《诗经》的描述，有学者认为早在西周时期，古代建筑已有鸱吻一类的

琉璃鸱吻

西夏(1038—1227)
高152厘米，宽58厘米，厚30厘米
宁夏银川市西夏陵区出土

装饰。而大多数学者认为鸱吻装饰的普遍应用是在汉代，这个时候"鸱吻"被称为"鸱尾"。

唐人苏鹗在《苏氏演义》中认为：鸱尾本作"蚩尾"，"蚩者，海兽也"。因为蚩尾形如鸱鸢，后人因形生义，所以称为鸱尾。鸱尾实物，能定确切年代的，就是陕西唐太宗昭陵献殿遗址发现的鸱尾了。1974年，发掘昭陵献殿时出土的鸱尾为灰陶质，面饰黑色琉璃釉，尾向前卷，外缘有两道弯鳍，两侧及背面靠下部各留一个圆形小孔，整体造型上薄下厚。这是目前所能见到的古代鸱尾最早的实物。贞观二十三年(649)，唐太宗葬于昭陵，也就是说，公元七世纪，脊饰仍是采用鱼尾形式。中唐时期，脊饰形状有了变化，至此，鸱尾的称呼也开始有了变化。唐初以前鸱尾与屋脊为平接安装，唐中期以后顶端已成兽形张口吞脊，平接变成了吻合接。因此，中唐以后，"鸱尾"便改称"鸱吻"。

宋代以后龙形的"吻兽"增多，于是到了明代，有了鸱吻是"龙生九子"之一的说法。明代李东阳《怀麓堂集》中记载："龙生九子不成龙，各有所好。囚牛，平生好音乐，今胡琴头上刻兽是其遗像；睚眦，平生好杀，今刀柄上龙吞口是其遗像；嘲凤，平生好险，今殿角走兽是其遗像；蒲牢，平生好鸣，今钟上兽钮是其遗像；狻猊，平生好坐，今佛座狮子是其遗像；霸下，平生好负重，今碑座兽是其遗像；狴犴，平生好讼，今狱门上狮子头是其遗像；赑屃，平生好文，今碑两旁文龙是其遗像；鸱吻，平生好吞，今殿脊兽头是其遗像。"它们不仅外貌不同，性格也不同。九子之一的鸱吻，住在南海，能喷水成雨，可镇火，所以经常被安置在建筑物的屋脊上，作张口吞脊状，起镇灾避邪的作用。明清时代的鸱吻在建筑上大量使用，造型也更加标准化，头部是个张着大嘴的龙头，弓着身，尾向上卷在头上部，遍身鳞甲，身上塑一条小龙，后面有一"背兽"，背部向下插着一把剑，只露着剑柄。

西夏王陵出土的鸱吻大致可以分为两类，一种是琉璃鸱吻，一种是灰陶鸱吻。出土于西夏陵区6号陵的绿釉琉璃鸱吻通高152厘米，底宽58厘米，厚30厘米，龙头鱼尾，身有鱼鳞，双目怒睁，张口吞脊，形象威猛神异，具有很高的观赏价值，现藏于国家博物馆，宁夏博物馆现存有该件鸱吻的复制品。

宁夏博物馆收藏的这件灰陶鸱吻，陶质，龙头鱼尾，下部龙头方筒形，下端开口，龙口封住，獠牙外露，形象威猛。眉似绳索，眉稍微卷上翘，眼球突出，眼瞳圆孔形，斜上方有两只突出小耳，颈鬃直立，上颚顶突出一桥钮形兽鼻，其后两侧各有一圆孔，孔内插双角。尾出两鳍，翻卷上翘。器背饰鱼鳍纹，尾部饰鳞纹，器中空，器体厚重。为正脊饰物。

西夏建筑出现鸱吻的主要原因是，建立西夏的党项族为北方游牧民族，其在发展过程中深受汉族文化的影响。由于汉族经济文化水平较高，农耕经验丰富，党项人在社会发展的各个方面都深受其影响，包括建筑形式方面也吸取了汉族建筑的很多特征，因此作为屋脊装饰的鸱吻也被采用。

黑釉剔刻花四系扁壶

剔花流韵　马背豪情

这一件扁壶的造型设计与党项人的游牧生活密切相关，蕴含着游牧民族浓郁的地方特色和丰厚的文化底蕴。

　　所谓扁壶，顾名思义，就是扁腹形状的壶，这种壶以陶、瓷制品最为常见。陶器扁壶发源于新石器时代，秦、汉时期沿袭，唐三彩中更是有发扬光大的扁壶作品。瓷制的扁壶最早见于西晋时期的墓葬里，一般为直口，扁圆腹，以划花作为装饰，圈足也是扁圆形。南北朝时期的扁壶器形缩小，肩部为双系，腹部有印花，装饰图案又到少数民族文化的影响。到了宋代，这类器物正式被称为扁壶。辽代还有一种皮囊壶，是模拟马背民族盛水的皮囊而制作，它扁腹，直身，短流，有系眼，甚至两侧随形起线，以追求皮革缝合的痕迹。西夏瓷器品种繁多，其中剔刻釉扁壶具有典型的民族特色。它的造型设计与党项人的游牧生活密切相关，蕴含着游牧民族浓郁的

黑釉剔刻花四系扁壶

西夏（1038—1227）

高35厘米，口径9.5厘米，腹径31厘米，厚19厘米

1986年宁夏灵武市瓷窑堡出土

地方特色和丰厚的文化底蕴。西夏扁壶的产量大，制作精，是西夏瓷器中独树一帜、魅力无穷的器物。

宁夏博物馆收藏的这件扁壶，小口，短颈，腹部扁圆，是以两个浅腹钵黏合而成，接缝处以附加堆纹进行弥合。壶口可以用木塞塞住，腹部两面正中各有一个圈足，这样的设计便于壶平放。正面圈足周围以剔釉露胎的技法，剔刻出连枝牡丹花纹图案。腹侧上下分别置有两耳可以穿系于马背，这样征战、狩猎时携带很是方便。西夏还有一种小型扁壶，器形与大型扁壶相似，所不同的是不置圈足，体态轻盈小巧，随身携带方便实用。西夏扁壶设计合理，制作精美，体现了党项人的聪明才智，反映了西夏的生产生活特点。

除了宁夏博物馆收藏的这类黑釉剔刻花纹饰的扁壶外，西夏扁壶纹饰还有白釉剔花、褐釉剔花等。剔花工艺有留花剔底和留底剔花两种，留花剔底指的是在坯体上刻画出纹饰，再剔去花纹外的空间，使花纹凸起，具有浅浮雕的效果；留底剔花指的是在施釉的坯体上直接剔出露胎的纹饰。宁夏博物馆收藏的这件器物正是留底剔花的技法。扁壶的剔刻技法不仅犀利流畅，而且刀痕尺度自然清晰，线条刚劲洒脱。西夏扁壶的釉色基本以黑、白釉为主，这是因为游牧民族以黑白为贵，他们在祭祀或结盟的时候"刑白马黑牛"以祭，共饮鲜血。党项民族也不例外。公元 1038 年，西夏正式建国，国号"大夏"，意思为"大白高国""大白上国"。西夏人视黑色为尊贵、崇高，白色为万世兴隆的根本，并且在西夏法典《天盛年改旧定新律令》中对色彩的尊贵和使用范围作了严格的规定，表现了他们以黑白为尊的审美观念。

扁壶的功用自然是盛水，也用来盛装游牧民族最爱喝的美酒。党项人好酒成风，作为我国古代羌族的一支，他们生性豪爽，与酒有不解之缘。早在苍茫辽阔的青藏高原上生活时，他们还未曾种植粮食，却已经从别的地区或民族那里购买大麦用以酿酒。据记载，党项人还常常边饮酒边谈国事。如今看到制作精美的扁壶，我们可以想见，能征善战的党项人在满载猎物而归后，从马背上解下扁壶拔下木塞，将美酒倒入白釉高足杯中，高唱着豪爽的酒歌，将美酒一饮而尽，共同商议征伐战场的豪迈场景……

彩绘泥塑佛头像

梵音流布西夏界

西夏建国前后，统治阶层率先接受并大力弘扬佛教，广修寺庙，刊印经文，塑造佛像，佛教文化被当作精神统治的重要手段之一，迅速传播和发展开来。

这件彩绘泥塑佛头像，头顶中空，螺发，中间有一个白色肉髻。面部方颐，双眉隆起，眼珠乌亮，为黑色釉料特制。右眼下有黑色"泪痕"，是高温下眼珠釉料熔化流出所导致的。鼻梁高直，双唇闭合，厚唇上用墨线绘出八字须，下颌用墨线绘出日、月、云状纹饰。月牙形眉毛，与额头连成直线的高鼻，使佛头像面部表情显得平静沉稳。半闭双眼，流露出沉思内省的神态，恬静而庄重。丰腮，下巴圆润，眉如弯月，嘴唇短厚，圆而近方的脸型特征，是以当时人们公认的典型面相标准而塑造的，具有唐代造像的遗风。

西夏是一个多种宗教流行的国度。起初，党项人奉行自然崇拜和鬼神

彩绘泥塑佛头像

西夏（1038—1227）
高36厘米，正面宽24.2厘米，侧面宽24厘米
宁夏贺兰县宏佛塔出土

彩绘泥塑佛头像（侧面）

信仰，巫术流行。西夏建国前后，统治者大力推崇佛教，于是佛教成为西夏最主要的宗教，与此同时，也有道教流传，故而形成以佛教为主，佛教与道教、原始宗教并存的局面。

佛教为何会成为西夏的主流宗教？这得从党项族的发展说起。党项族在七世纪中期以后二百多年的时间里，经历了长途迁徙的疲累，"安史之乱"的动荡，藩镇割据的战争，加上本民族上层统治者的压迫剥削，人民生活十分痛苦。党项人民非常渴望安定的生活，却苦于找不到解脱的出路，而佛教因果报应的理论，还有通过信佛行善可以脱离苦海往生极乐世界的说教，为在现实生活中饱受煎熬的劳动人民提供了精神上的慰藉。西夏建国前后，统治阶层率先接受并大力提倡佛教，佛教被当作精神统治的重要手段之一，迅速传播和发展开来。

西夏最早的佛事活动记载是在宋景德四年 (1007)。当时党项族首领、夏州节度使、西平王李德明的母亲罔氏下葬时，李德明请求到宋朝北部佛教中心五台山修供十座佛寺，并派致祭的使者护送供祭物品到五台山。可见当时佛教已成为党项王室的重要信仰了。西夏第一代皇帝李元昊在佛教的发展方面更是有重要建树，他通晓"浮屠学"（即佛学），在称帝后的第三年，也就是宋景祐元年 (1035) 十二月，向宋朝求赐《大藏经》。宋宝元元年 (1038)，元昊又向宋朝提出希望派使臣到五台山供佛。西夏第二代皇帝毅宗谅祚幼年继位，母后没藏氏专权。这个曾经一度出家为尼的皇太后十分好佛。没藏氏为了"幼登宸极"的小皇帝谅祚，保"圣寿以无疆，俾宗祧而延永"，于西夏毅宗天祐垂圣元年 (1050) "役兵数万"修建了承天寺和承天寺塔。承天寺建成后，回鹘高僧登座讲经，皇太后与皇帝经常即席聆听。寺内香火旺盛，僧人不绝，与当时凉州护国寺、甘州卧佛寺齐名，是西夏著名的佛教圣地之一。惠宗秉常和崇宗乾顺在位前期，都是母后专权。惠宗之母梁氏是崇宗之母梁氏的姑母，她们都是大力推崇佛教的统治者。惠宗时，西夏第六次向宋朝求赐《大藏经》。乾顺天祐民安四年 (1093)，由皇帝、皇太后发愿，动用了大量人力、物力和财力，重修凉州感通塔及寺庙，第二年完工后立碑赞庆。此碑就是著名的重修护国寺感通塔碑，是西夏时期留存至今最重要的佛教石刻。此碑原来被砌封于甘肃武威城北清应寺的碑亭中，久已不闻于世。一直到了清嘉庆九年 (1804)，机缘巧合之下，著名学者张澍启拆砖封，发现了这座碑。有一天，张澍和几位朋友到武威的清应寺里游玩，偶然发现了一处被青砖封死的碑亭，出于好奇便找来寺内主持询问，主持说："此碑封砌已久，传说碑亭内有不祥之物，若拆除封砖，必将会有风暴之灾。"可张澍由于求知心切，便再三请求主持拆除封砖，一探究竟，主持思量再三，终于答应了他的请求。封砖全部拆除后，张澍首先看到的是碑文正面，上面刻有密密麻麻的文字，乍一看好像都认识，仔细一看却又一个字都不认识。于是他来到了碑的后面，发现了人人熟知的汉文字，并且末尾刻有"天祐民安五年"的字样。"天祐民安五年"是西夏第四代皇帝崇宗乾顺的年号，由此推断这座碑是西夏时期所立，而石碑正面不认识的文字就是西夏文。碑文两面，一面是西夏文，二十八行；一面是汉文，二十六行。两种文字内容大体相同，记述了阿育王建立了八万四千宝塔，而凉州塔就是其中之一，中间几经兴废。碑文还赞扬了皇帝、皇太后"发菩提心，大作佛事"的善举，记载了西夏在境内大力修葺寺庙，使佛刹林立的情况。西夏第五代皇帝仁宗仁孝一朝五十多年中，佛教比前代有了新的发展，影响进一步扩大。这一阶段突出的佛事活动有两项：一是西夏文佛经的校勘，二是刻经和施经。西夏的刻版印刷事业逐步发展起来，当时政府设刻字司专门刻印，为佛经的大量刻印和广泛传播创造了极为有利的条件。西夏晚期的佛教虽受到朝代频繁更迭和战乱破坏的影响，但有佛教信仰传统的西夏皇室在艰难喘息之间还广兴佛事，希望得到佛的保佑以挽救颓局。

石螭首

开城安西王府的荣辱兴衰

这件螭首，青石质，整体呈长方形，雕刻精细，立体感强，从中可窥元代安西王府建筑规模之一斑。

　　螭为古代传说中的一种动物，一般将它归于龙属。在中国传统文化里，龙是中华民族的精神象征，上至王公贵族，下自平民百姓，龙被中国人看作是最高等级的吉祥物，是天下的祥瑞之物，而把螭纳入龙属无疑平添了一种神秘的力量。螭首又叫螭头，它的功用主要有三个方面：排水口上装饰构件、台基端口平衡构件、礼制等级象征构件。

　　这件螭首，青石质，整体呈长方形，首部高昂，大嘴微闭，长舌上卷至鼻部，呈环状。唇两侧凿弯曲形长胡须，长眉大眼，鼻和颅额突起，颅额饰对称双乳钉。在螭首中部凿刻有凹槽。雕刻精细，立体感强，造型特点突出。这样一件颇具威严神态的器物，它的出土地自然也非同凡响——

石螭首

元（1271—1368）

通长150厘米，宽31厘米，高29厘米

宁夏固原市开城安西王府出土

开城安西王府遗址。开城位于六盘山北段东麓的宁夏固原市原州区，这里被称为"山沟里的元朝大都市"，是成吉思汗、宪宗蒙哥、世祖忽必烈苦心经营的一块黄土地。1271 年，忽必烈建立元朝，第二年，封皇子忙哥刺为安西王，赐京兆为封地，赐螭钮为金印，驻兵六盘山。又过了一年，加封忙哥刺为秦王，赐兽钮金印。至此，忙哥刺一王两印，其府在长安者为安西，为王府的冬宫；在六盘者为开城，是王府的夏宫。

安西王府城址选在开城，不是随意而为，是经过蒙元统治者深思熟虑之后的决定，这与六盘山地区的自然地理、生态环境和军事交通等方面的条件息息相关。1227 年闰五月，成吉思汗在攻打西夏的前夜避暑六盘山，他计划凭借六盘山的战略位置来实现攻金伐宋的战略目的，从而奠定了六盘山在征战南宋过程中的特殊地位。成吉思汗之后，宪宗蒙哥、世祖忽必烈都曾驻兵六盘山。特别是忽必烈时期，六盘山已成为当时政治、军事的中枢，在客观上充当了"行宫"的地位，不少重大事件都是在六盘山议定的。此外元朝建立之初，与南宋战争胶着，安西王在六盘山设有王府，可以更好地控制四川的战局。

1280 年，忙哥刺去世，他的儿子阿难答承袭王位，是为第二代安西王。由于痛惜爱子忙哥刺的去世，元世祖忽必烈便将自己对儿子的爱转移到孙子阿难答身上，他多次向阿难答封赐银两、财物、军民，使之势力大增。元成宗即位以后，阿难答为了扩充自己的实力，经常借口饥民问题向朝廷要粮、要钱、要军械。在苦心经营之下，阿难答的统治范围逐渐南达四川，西到吐蕃,西北抵哈剌火州(今新疆乌鲁木齐南),即包括今整个陕西、宁夏、甘肃及四川北部和新疆东部大片地区,俨然是一个名副其实的大西北王,这个时候的开城和安西王府也达到了鼎盛。然而好景不长,腥风血雨的皇位之争让安西王府走向末路,最终也让阿难答身首异处。元大德十一年(1307)正月,元成宗病逝,而皇太子德寿先于成宗而死,皇位空缺,于是皇位之争全面爆发,一方是西北王阿难答,另一方是怀宁王海山。由于计划泄漏,阿难答兵败被杀,这成为安西王府由盛而衰的一个转折点。而给开城安西王府带来灭顶之灾的是皇位之争前的一场大地震。元成宗大德十年(1306)开城地震,安西王府宫殿楼台皆震毁,王妃也里完等五千余人丧命,王府基址埋于地下。

2003 年以来,文物考古部门对安西王府夏宫遗址进行了钻探与测绘,出土了大量皇家建筑构件和多种装饰材料。出土的元代螭首主要集中于元上都和元中都遗址中,其中在元中都出土了七十多个台基螭首,一般长80 厘米左右,宽 30 厘米。安西王府出土的石螭首与元上都和元中都出土的螭首造型相似,但长度更长。除了螭首外,安西王府遗址还出土有琉璃砖、琉璃瓦、琉璃滴水、琉璃脊饰、板瓦、筒瓦及墙面装饰材料等建筑构件,此外还有铜权、铜熏炉盖、铁质三足盆、金手镯、金饰件、长颈银瓶等金属器,另外还有一批制作精美的瓷器和铭文砖。这些出土文物充分说明当年的建筑规模宏伟,建筑级别很高,再现了开城安西王府昔日的格局和气派,同时揭示了安西王府举足轻重的历史地位。

柳毅传书铜镜

藏在镜子里的浪漫爱情

柳毅传书的故事，作为我国民间四大神话传奇爱情故事之一，广为流传。

这面柳毅传书铜镜，画面清雅空灵，构图精致严谨，意境深邃悠远，颇具中国山水画的韵味。

这面铜镜呈圆形，圆钮，钮上方有"青铜"二字，略显模糊。内容反映的是柳毅传书故事中"泾水托书"的情景。镜子背面，左上方是一棵葱茏茂盛的大树，树上硕果累累，有花有叶。树下一男一女在亲切交谈，正是龙女和柳毅。龙女脸蛋圆润，梳着端庄的发髻，身着长衫，衣袂飘飘。柳毅戴着硬脚幞头，身着长袍玉带，欠身揖手，身后有五只羊正在河边丰美的草地上悠闲地吃草。镜子右边有一男子牵着骏马，驻足远望。镜子的下半部波涛汹涌，两条大鱼被浪花裹身，乐在其中。柳毅传书铜镜，画面清雅空灵，构图精致严谨，意境深邃悠远，颇具中国山水画的韵味。

柳毅传书的故事取材于唐代李朝威撰写的传奇小说《柳毅传》，收录

柳毅传书铜镜

元（1271—1368）
直径17.5厘米，厚0.5厘米
征集

于宋代的《太平广记》。这部小说一经面世就流传很广，颇受大众的喜爱。后世又根据这个故事的内容改编成戏曲，具有代表性的就是元代尚仲贤的《柳毅传书》。

相传唐朝有位书生名叫柳毅，家在湘江岸边。他到京城长安去应试，结果名落孙山，回家的路上，他顺便去拜访泾阳（今宁夏泾原）的老乡。在泾河岸边，他看见一位仙女似的姑娘，眉目如画，艳若桃李，却愁容满面，泪痕未干，手中握着一根赶羊鞭正在牧羊。这么美丽高贵的姑娘怎么独自在这放羊？柳毅感到诧异，禁不住上前施礼问道："姑娘为何独自在这荒郊野外放羊，你是不是遇到了什么难事？小生不才，愿为姑娘分忧。"这位姑娘闻言哭得更厉害了，她对柳毅说："我是洞庭龙君的小女儿，龙宫三公主。父母做主把我嫁给泾河龙王的太子，但我的丈夫生性暴戾，经常做法危害百姓，我屡屡劝阻，惹恼了他，他竟然对我百般折磨。我的法力不如他，被他禁锢在此牧羊不得脱身。想我身为公主却孤苦伶仃，叫天天不应，叫地地不灵，我的双亲还以为我在泾河享福，哪里知道女儿正在受这无边的苦楚！"柳毅听得气愤难平，言道："我愿为你通风报信，让你的父母接你脱离苦海。"龙女感激涕零，连连拜谢，说："如果公子能救我回家，大恩大德没齿难忘。洞庭湖南岸有一棵大橘树，公子拿着我的玉簪到此树旁敲击树身三下，自有神将前来接引。"龙女从怀里取出一封血书，又将发髻上的玉簪取下交给柳毅。柳毅收好书信，告别龙女。他急人之所急，昼夜兼程不敢懈怠，终于到了洞庭湖，南岸果然有一棵大橘树。

柳毅举篙击树三下，突然湖水翻滚，湖神现身湖面。柳毅禀明缘由，神将听后连忙领着柳毅往水中走去，柳毅跟着他，竟能在水中自在呼吸。他看到水下的世界金碧辉煌，水晶宫上嵌满珠宝，巍然耸立。神将让柳毅在殿外等候，不久，身穿紫袍的洞庭龙王现身接见。他问道："公子远道而来，不知有何贵干？"柳毅取出血书呈上，并讲述了遇见龙女的经过。洞庭龙王看罢书信，又痛又气，他说道："都是我的错，只因和泾河龙王交情甚好，他非要我把女儿嫁给他的儿子，没想到这个孽子竟敢这样对待我的女儿！"洞庭龙王的弟弟钱塘龙王听下人汇报了此事，非常震怒，虽然洞庭龙王建议从长计议，但钱塘龙王疾恶如仇，只见他化身一条巨龙，全身赤鳞如火，风驰电掣朝泾河方向而去。他口喷烈火，与泾河小龙进行了激烈的搏斗，泾河小龙惨败，钱塘龙王带着侄女返回了洞庭湖。洞庭龙王设宴款待柳毅和钱塘龙王。而龙女为了答谢柳毅的救命之恩，二人结为伉俪，恩爱相守。

记载柳毅传书故事的文献材料很多，而铜镜是此类故事内容物化的重要载体，特别是在宋、金、元时期，"柳毅传书人物故事镜"特别流行，而这一广为流传的浪漫爱情故事，以及铜镜制作工艺的精致，使得这类铜镜具有非常高的鉴赏、收藏和研究价值。

庆靖王墓志

一代才子王爷的人生历程

该墓志简要记述了庆靖王朱栴的生平及功德，但志文中记载朱栴为朱元璋第十五子，此与《明史》及《嘉靖新志》中记载不符，由此将人们的目光引向了明代著名的一靖难之役。

在宁夏同心县韦州镇罗山东麓，坐落着一处明代的陵园，当地人称"明王陵"或"明庆王墓"，明代开国皇帝朱元璋的第十六子朱栴及其子孙们就长眠于此。

陵园坐西朝东呈长方形，东西长 200 米，南北宽 100 米。庆靖王朱栴陵墓位于陵园最北端。据明王陵图册记载，在这片荒芜的土地上，埋葬着明代皇帝亲封的庆靖王、庆康王、庆怀王等九世亲王和一位端和世子，以及庆藩王分封的真宁王、安化王等诸王的陵墓和嫔妃们的陪葬墓。

关于庆靖王陵的发现，不免让人悲哀。1967 年，韦州镇周新庄村的村民为了用砖，将村子附近的明王陵墓拆毁。当宁夏博物馆的工作人员闻

庆靖王墓志

明（1368—1644）

石质。志盖、志石边长60厘米，厚15厘米

1967年宁夏同心县韦州镇周新庄村出土

庆靖王墓志（志盖）

讯赶到时，整个墓室早已空空如也，只剩下"大明庆靖王圹志"一盒。朱栴墓墓室由前殿、后殿及左右配殿五室连接而成，全长约 18 米，宽 13 米，全部使用磨光的青色长条砖砌成，做工精细。配室为券顶，前、中、后室为穹隆顶。虽然随葬品已被盗掘一空，但是整个墓室结构严密，宏大宽敞。庆靖王陵到底是什么时候因为什么原因被破坏的？据专家推测，这座陵园在历史中曾遭两次大规模的破坏。第一次遭到破坏应该是在 1561 年 11 月，鞑靼吉能部两万余骑兵攻掠宁夏铁柱泉（今盐池县境内），南下固原，然后循路从同心县下马关镇至罗山，焚掠明王陵园，全陕震动。此番劫掠，使明王陵地面建筑遭大规模焚毁，所幸的是地下墓葬并未受损。此后，明王陵也曾有过盗墓贼光顾，但是遭到最严重破坏是在 20 世纪 60 年代，仅周新庄村民进行取砖的过程中，就有 30 座古墓遭到破坏。有些村民看到一些漂亮的石碑，干脆拿回家当锅台用。在那个特殊的年代里，我国不少文化遗产和文物古迹受到了严重破坏，庆靖王陵也没能幸免。尽管庆靖王陵只发现了圹志一盒，但也为人们了解庆靖王生平和明代宁夏历史打开了一扇窗。

墓志方形有盖，长 60 厘米，高 30 厘米。志盖正中阴文楷书竖镌"大明庆靖王墓"六个字，四周刻有云龙花纹。志文简要记述了朱栴的生平及功德。志文记载：朱栴是太祖皇帝的第十五个儿子，母妃是余氏。朱栴生于洪武戊午（1378）正月九日，洪武二十四年辛未（1391）四月十三日册封为庆王，洪武二十六年辛巳（1393）就藩宁夏，正统三年（1438）八月

庆靖王墓志（局部）

三日病逝，享年六十一岁。志文还称赞朱栴令德孝恭，乐善循理，一心为朝廷分忧……皇上听说庆王生病后，立即派遣宫中名医去诊治，不幸的是御医刚刚出发就传来了庆王去世的噩耗。皇上非常悲痛，辍朝三日表示哀悼，并派遣使者祭奠，赐谥号为靖，于正统四年五月十三日葬于蠡山。

这盒圹志的史料价值，其中有一个重要的内容是，《明史》和《嘉靖宁夏新志》中明确记载朱栴是明太祖的第十六个儿子，而墓志却记载其为朱元璋第十五个儿子，这是为何呢？其实是与历史上著名的"靖难之役"有关。

靖难之役，又称靖难之变，是建文元年 (1399) 到建文四年 (1402) 明朝统治阶级内部争夺帝位的战争。朱元璋建立明朝不久，就分封他的二十四位皇子和一位皇孙到全国各地为藩王，目的很明确，就是为了"以同姓治异性"，永保大明江山。其中，庆王朱栴就是被分封到宁夏的皇子。藩王制度起初颇有成效，燕王朱棣便多次成功抗击北元，为维护国家安宁做出了贡献。但是随后藩王的势力也日益膨胀，尤以燕王朱棣为甚。因朱元璋的嫡长子也就是太子朱标早逝，洪武三十一年 (1398)，皇太孙朱允炆即位，

庆靖王墓志（局部）

是为建文帝。朱允炆登基后，与亲信大臣齐泰、黄子澄等采取一系列削藩措施，与此同时，在北平周围及城内部署兵力，又以防边为名，把燕王朱棣的护卫精兵调出塞外戍守，准备削除燕王。朱棣于建文元年(1399)起兵反抗，随后挥师南下，史称"靖难之役"。建文帝因为年轻缺乏谋略，虽派出精兵强将北伐，但终究不是朱棣的对手。经几次大规模战争，燕王朱棣消灭南军主力，之后乘胜进击，于建文四年(1402)攻下帝都应天(今江苏南京)。战乱中建文帝下落不明，有人说他于宫中自焚死去，也有人说他由地道逃跑，隐藏于云贵一带为僧。同年，朱棣即位，是为明成祖。

据史书记载，靖难之变后，明朝政治上发生了激烈的变化，建文帝时期实行的一系列新政都被取消，恢复旧制。不仅如此，朱棣为了强调自身的正统性、合法性，竟下诏将建文四年改为洪武三十五年，"今年以洪武三十五年为纪，明年为永乐元年"，这种做法的目的就是为了从历史上把朱标、朱允炆父子抹去。"嗣是子孙臣庶以纪载为嫌。"这就是"庆王墓志"、《弘治宁夏新志》为什么把庆王从十六子改为十五子的原因。据说，南昌发现的宁王朱权的墓志，也将十七子改为十六子。此外，墓志中记载朱栴"三十四年辛巳十二月徙国宁夏"，也纠正了《嘉靖宁夏新志》卷一中庆王"三十五年辛巳徙宁夏"的错误。

大明庆靖王朱栴，不仅是明朝的一个王爷，也是明代九大攘夷塞王之一，其驻守边塞宁夏，为拱卫大明王朝的安定做出了很大贡献，同时，他也是宁夏著名的历史文化名人，"好学有文，好古博雅，学问宏深"。朱栴不但撰写了不少专著，还有大量诗词传世，而且他还主持编纂了宁夏第一部志书——《宁夏志》，对明代宁夏的政治、军事、经济、历史、文化等方面的发展，都有一定的影响。朱栴享藩宁夏四十七年间，先后经历洪武、建文、永乐、洪熙、宣德、成化六朝，大致可以分为前三朝和后三朝两个时期。

从十五岁到达封地就藩，朱栴一生再也没有回过他朝思暮想的南京城。他曾多次向朝廷提出南迁或回去看看的愿望，但总是被拒绝。才华横溢的庆王爷忧郁至极又无处倾诉，只好借诗词抒发心中情感："风阵阵，雨潺潺，五月犹如十月寒。塞上从来偏节令，倦游南客忆乡关。"一首《捣练子》，可见朱栴处在日日思乡的痛苦里，遥望南方，却无缘回去。晚年，这种落叶归根的心情更加迫切。"水悠悠，路悠悠，隐隐遥山天尽头，关河又阻修。古兴州，古灵州，白草黄云都是愁，劝君休倚楼。"庆王朱栴博学多识，虽一生受制于朝廷，没有自己的主权，但他不仅勤于治理宁夏疆土，而且还写诗作赋，钻研学术，并且成绩斐然。传世的朱栴诗词共有三十八首，而现今传世的其他著作只有《宁夏志》《文章类选》及《增广唐诗鼓吹续编》等书，其余书籍皆已失传。

庆王宗族藩封宁夏长达二百五十三年，宗支繁衍，子孙众多，传亲王位历十世，册封亲王十一、世子一；封郡王爵位二十，传王四十二；授镇国将军、辅国将军、辅国中尉、奉国中尉者，百人之多。崇祯十六年（1643），李自成农民起义军攻占宁夏，末代庆王朱倬漼（未册封）和宗室王将等均被俘。次年，宗室成员被迫随农民起义军撤往山西，朱倬漼等被杀，国除，庆藩绝。庆王府基本伴随了明王朝的始终，在长达两百多年的时间里，庆王府对宁夏的和平安定与繁荣发展做出了巨大的贡献，特别是才子王爷朱栴因为不少名作的传世更是被后人所铭记和怀念。

赵氏家谱

清初第一良将的家风族源

一代名将赵良栋戎马一生，战功赫赫，国家栋梁之材，为清初国家的安定稳固作出了很大的贡献。

　　此为清代名将赵良栋的家谱，共三册。首册缺封皮，另外两册边缘轻微磨损。三册均内页完整，宣纸，清代手抄本，未注页码，共计一百六十六码。

　　赵良栋这个名字在清代初年可谓如雷贯耳，响彻河西与云贵大地。根据《赵氏家谱》记载，赵氏一族祖籍山东，明代中晚期迁到了陕西，又辗转河北，最后迁入宁夏。定居宁夏后，家门兴盛，出了很多达官贵人和贤才良将。赵良栋的曾祖父、祖父、父亲都曾担任一定的官职，他的曾祖母、祖母、母亲都曾赠封一品夫人。家谱中详细记载了赵氏家族的历史、主要成员的世系、生卒年月、婚配情况、子嗣情况和个人生平事迹等，共十一

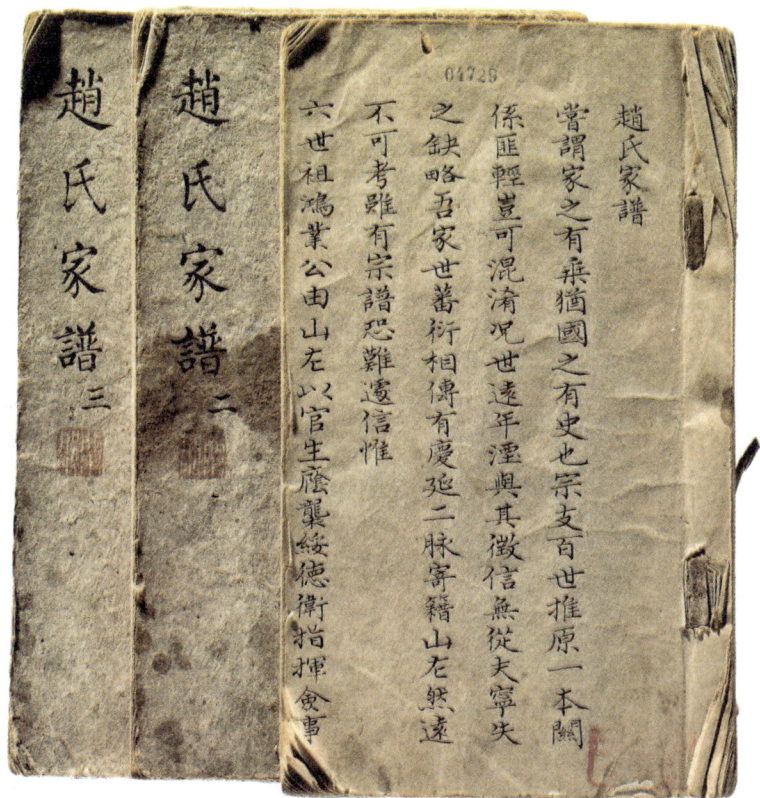

赵氏家谱

赵氏家谱

嘗謂家之有乘猶國之有史也宗支百世推原一本闕
係匪輕豈可混淆况世遠年湮與其徵信無從夫寧失
之缺略吾家世蕃衍相傳有慶延二脈寄籍山左殊遠
不可考雖有宗譜恐難遽信惟
六世祖鴻業公由山左以官生歷襲綾德衛指揮僉事

赵氏家谱

清（1636—1912）

纵24厘米，横14.5厘米，单本厚0.8厘米

宁夏博物馆旧藏

世，赵良栋为第四世。家谱中篇幅不尽相同，有多有少，其中关于赵良栋的记载最为详细，有三十码之多。1621年，赵良栋出生于宁夏镇，也就是今天的银川市，先后婚配郭氏、李氏、白氏，且都被赠封一品夫人，育有五个儿子、三个女儿。

赵良栋戎马一生，战功赫赫。顺治二年（1645）从军，隶属陕西总督孟乔芳部。顺治十四年（1657），经兵部尚书洪承畴推荐，从征云南，任云贵总督衙门督标中军副将。康熙元年（1662），升任云南广罗镇总兵，镇压马乃、陇纳、水西农民起义。其后，因父母相继病故，回宁夏守孝四年。康熙八年（1669），赵良栋任山西大同镇总兵，不久，加都督衔。康熙十一年(1672)，赵良栋调任天津总兵。第二年，平西王吴三桂在云南举起了叛乱的旗帜，随后，靖南王耿精忠、平南王尚之信相继反叛，赵良栋在甘肃提督张勇的推荐下，调任宁夏提督，负责平定甘肃、宁夏、陕西一带的叛乱，尤其是陕西提督王辅臣，他手握重兵，成为赵良栋的主要剿灭对象。赵良栋到任后，制定了"诛除首恶，宽宥胁从"的策略，很快就稳定了陕甘的局面，受到康熙的高度赞赏。驻守宁夏期间，赵良栋积极练兵，为后来南下彻底剿灭川滇吴氏叛军增强了军事实力。康熙十八年(1679)，平定三藩之乱取得了重大成果，在湖南衡州称帝的吴三桂病逝，吴军向云贵一带撤退，清军很快就收复了湖南。赵良栋上书康熙帝，提议出兵汉中，光复四川。随后，赵良栋跟随大将图海出兵徽县，迅速向成都进军，不到十天就攻克了成都，吴三桂任命的四川巡抚张文德投降。随后，赵良栋又率军攻入云南。当时，吴三桂之孙吴世璠聚集残军固守昆明，清军好几个月没有丝毫进展。赵良栋到来后，一马当先，率领兵士攻城，异常勇猛，不到一个月的时间就攻克了昆明，光复云南，三藩之乱平定，康熙龙颜大悦，授予赵良栋云贵总督兼兵部尚书。康熙二十年（1681），吴三桂之孙吴世璠自杀。至此，持续八年之久的平定三藩之乱战争胜利结束，其中赵良栋作用重大。他"功凡克府县百数十城，得伪官小大千余，收伪印二百六十余，平蜀及滇仅两岁一月……"被推为清初第一良将。

赵良栋是难得的将才，但因生性耿直，受权贵排挤，后来遭到降职，桀骜不驯的他于是告病回到家乡宁夏。康熙三十六年（1697），兵部尚书马齐从宁夏回朝，奏称赵良栋病重，康熙帝下诏慰问，并赐人参、鹿茸。不久，赵良栋病逝，终年七十七岁。当时康熙帝正征讨准噶尔，命皇长子允禔参加葬礼，赐谥襄忠。雍正八年(1730)，雍正帝兴建贤良祠，赵良栋的灵位被安放在祠中。乾隆四十七年(1782)，朝廷追封赵良栋为一等伯爵。

一代名将赵良栋，战功赫赫，国家栋梁之材，为清初国家的安定稳固作出了很大的贡献。

贺兰山岩画

岁月失语 唯石能言

在人类历史的长河中，有许许多多记录生活状况、反映思想文化的遗物与遗迹，岩画就是其中的一类。什么是岩画？很多人会说，岩画不就是刻画在石头上的画吗？这种说法也没错。我国著名岩画研究专家陈兆复先生对"岩画"的概念作过精辟的阐释："岩石，同时也是世界上最早的画布，先民们在岩石上刻画和涂绘，来描绘人类自身的生活，以及他们的想象和愿望，这就是岩画，是描绘在岩石上的史书。"

在文字出现以前，岩画是一种重要的记事方式，先民们情感的表达与思想的交流都是通过岩画的形式传递给后人的。岩画在世界很多地方都有遗存。据最新发现和研究数据表明：目前世界上已有一百二十多个国家和地区发现有古代岩画，我国是世界上岩画最多的国家，也是对岩画发现最早、文献记载最早的国家。热爱地理的人都知道，北魏时期郦道元所著的《水经注》是我国的地理学名著，同时这本书也是记载岩画最早的文献。书中记录的我国岩画点达二十多处，涉及甘肃、宁夏、山西、湖北等地，作者还对中国古代的神话传说与岩画之间的关系加以考证论述。我国近代岩画的研究始于1915年黄仲琴教授对福建华安太溪仙字潭石刻的调查。之后，经过考古工作者几十年的努力，到1983年贺兰山岩画正式发现，中国的岩画研究进入了快速发展阶段。目前我国已在二十多个省区发现了上千个岩画遗址，是世界岩画资源大国之一。根据地理位置特别是作品的内容、风格和制作方法，我国岩画大致可分为北方、西南、东南三个系统。贺兰山岩画属北方岩画系统，在中国岩画中最具代表性，是我国和世界岩画的重要组成部分。1983年贺兰山岩画一经发现，立即在国际岩画界引起了巨大轰动。

贺兰山位于宁夏回族自治区的西北部，古人称之为"朔方之保障，沙漠之咽喉"。巍峨雄伟的贺兰山，既强烈地削弱了西北寒风的侵袭，又有力地阻挡了腾格里沙漠流沙的东移，成为银川平原的一道天然屏障。贺兰山岩画就分布在绵延二百五十公里的贺兰山东麓数个山口，主要集中于贺兰山的中段和南北两端。贺兰山北端的石嘴山地区，山体坡度小，这里有黑石筛、麦汝井、树林沟等岩画点；贺兰山中段，山势陡峭，地形复杂，从北到南有大西峰沟、小西峰沟、白虎沟、插旗口、贺兰口、苏峪口、回回沟、拜寺口、水吉口、滚钟口、红旗沟、柳渠口等多个岩画点；贺兰山南端的卫宁北山地区，山体平缓，基岩裸露，也分布有大量的岩画。贺兰山岩画的内容多为人面像、人物、舞蹈、天体、手脚印、各类动物的图像等，真实生动地描绘了人类早期狩猎、放牧、战争、舞蹈、劳动、交媾的场面，再现了远古时期贺兰山地区游牧民族的生存经历和人类早期的生活习俗、原始观念和审美情趣。

贺兰山岩画到底是由哪个民族创作的呢？历史上贺兰山一带曾生活过诸多的民族，自远古以来活跃在这一地区的有羌戎、月氏、匈奴、鲜卑、铁勒、突厥、党项等民族，因此，贺兰山岩画是所有曾经在这里生活的民族创造的文化和艺术财富，是他们用原始的方式、质朴的情感绘就的生活史书。关于贺兰山岩画的凿刻年代，目前在学术界还没有定论。一种说法认为上限在旧石器时代晚期，下限到西夏时期；另一种说法认为上限在新石器时代晚期，下限到明清时期；还有一种说法认为上限在商周至春秋战国时期，下限为西夏时期。上述三种意见，各有所据，但多数学者倾向于贺兰山岩画产生于新石器时代晚期的说法。近年来在贺兰口岩画分布区内发现的具有齐家文化特征的为数不少的石器和陶片，为贺兰山岩画制作年代的上限确定在新石器时代提供了新的证据。

以下对贺兰山岩画中具有代表性的岩画进行一些简单介绍。

人面像岩画

人面像岩画是岩画中比较特殊且十分重要的题材。尽管岩画作为一种文化现象，在世界七十个国家一百五十个地区都有分布，但人面像岩

人面像岩画

画仅仅出现于环太平洋地区的中国、蒙古、俄罗斯、美国、加拿大、墨西哥、智利、澳大利亚等国家和地区，而其中尤以中国的人面像岩画数量最多、分布最广，在世界人面像岩画中占有突出的位置。在中国二十个省市一百多个县（旗）发现的岩画中，贺兰山贺兰口的七百零八幅人面像岩画以表现内容丰富、种类繁多、风格各异而闻名于世。可以说，贺兰口是世界上人面像岩画分布最多的一个岩画点。这里的人面像岩画，是一种以人的面部特征为基本构图方式的岩画形象。这种类型的岩画形象通常没有人的面部轮廓线，一般只有眼、鼻、嘴等面部特征，但没有身体躯干和耳朵。表现形式上十分简单、奇异，有的人首长着犄角，有的插着羽毛，有的戴着一顶尖形或圆形的帽子，有条纹或弧形纹，追求一种不求形似但求神似的艺术效果，似人似兽，变幻莫测，因此又被称为"人面像""类人首""类人面""类人形"等。尽管名称不一，但有一种观点大家都普遍赞同：这种类人面像岩画绝非是岩画创作者对人面的简单描绘，应该是某种观念下的一种文化特征。陈兆复先生指出：人面像岩画那些怪诞奇异的形象，反映了一个我们所未知的精神世界。荒唐的想象，大胆的创造，是神灵的形象化，也是岩画创造者们思想信仰的具体表现。画面所传达出来的欢乐和哀伤，往往把人们带到了对于那久已逝去的时代的冥想之中……根据贺兰口人面像岩画的不同特点，学者们将其分为自然崇拜类人面像、生殖崇拜类人面像、图腾崇拜类人面像、神灵崇拜类人面像、首领崇拜类人面像、面具类人面像六大类型。

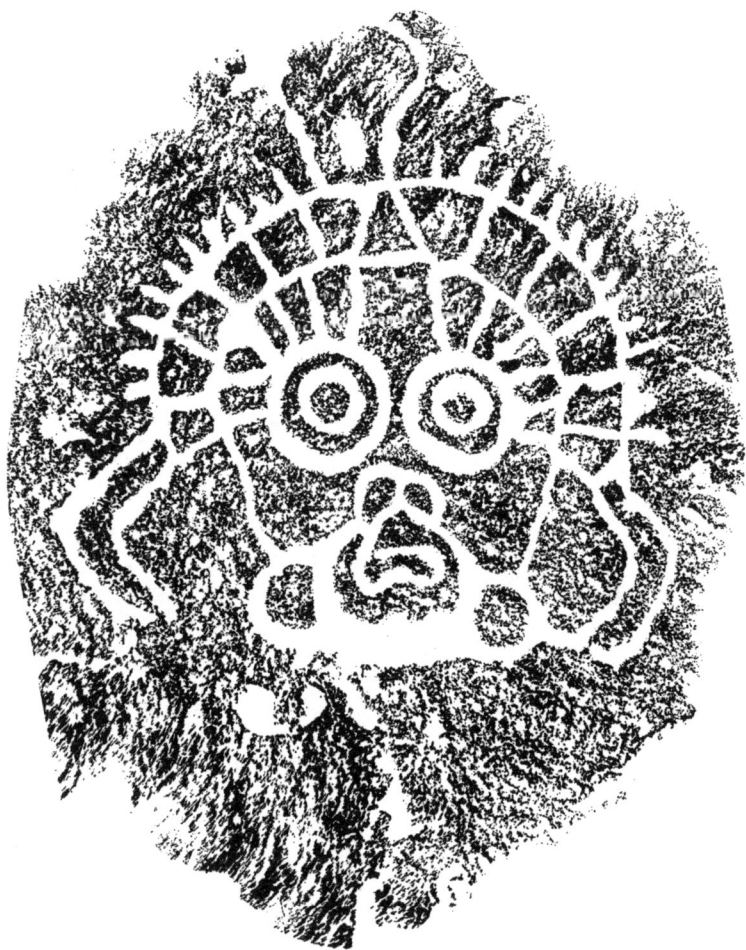

太阳神岩画拓片

这些人面像岩画，充分体现了北方古老民族的习俗观念和精神信仰。其中有一幅类人面像岩画举世闻名，这就是太阳神岩画。

太阳神岩画位于贺兰山贺兰口沟谷东侧的石壁上，是贺兰口岩画中位置最高的一幅，距离地面二十余米。岩画中的太阳神形若人面，神态严肃而威武。它的面部呈圆形，重环双眼，长有睫毛，神采奕奕，头部有放射形线条，表示太阳的光芒四射。贺兰口人面像岩画中，重环双眼的构图并不多见，这种独特的表现可能寓意它的地位高于其他人面像。在宁夏回族自治区博物馆"石刻史书"展厅中，醒目地展示着一幅放大的太阳神岩画仿制图案，其庄严肃穆的形象顿时把参观者带到了神秘的远古神灵崇拜时代。在人面像岩画展示墙上，也有太阳神岩画的原本拓片展示，让人们更直观地认识那个时代人们心目中太阳神的形象。

有的学者认为太阳神岩画反映了当时人们对太阳的崇拜。人类原始时代的诸神崇拜中，对太阳的崇拜最普遍、最持久。各国的历史表明，在地球上凡有人群的地方，都流行过太阳崇拜习俗，而且相沿甚久。远古时代，人们认识自然的能力有限，他们把畜牧的丰收、水草的丰茂、生活的平安都归功于苍天的恩赐；而年景不好、缺衣少吃、身处危险，则认为是上天对人类的惩罚。由于太阳高居于天上，日出温暖明亮，日落则寒冷黑暗，人们认为是它主宰着万物，因而信奉和崇拜太阳，向它祈求风调雨顺。因此为了求得太阳的福佑，祭祀太阳神便成为人类社会早期最隆重的宗教活动，最常见的方式是举行祭祀仪式并加以记录，这其中就包括把太阳形象刻画在岩石上，供人们祭祀和崇拜，并流传下来以教育后代。

还有一种观点认为，这幅太阳神岩画其实是古代部落首领的头像。一些有功于氏族部落的首领被刻在石壁上，成为人们崇拜、祭祀的对象。也有人认为，所谓太阳神应该是地魔的形象。贺兰山一带经常有地震、山洪等地质灾害，供奉地魔的目的是为了驱邪祈福保佑生活平安。不管初衷如何，这幅太阳神岩画都可以解读为人格化了的神灵形象，是人们祈福的对象。

1998 年，宁夏回族自治区成立四十周年之际，国家邮政总局发行了一套贺兰山岩画的纪念邮票，其中就有太阳神岩画邮票。宁夏回族自治区博物馆馆徽的形象也是受到这幅太阳神岩画的启发而设计的。随着邮票的发行和旅游参观的常态化，贺兰口太阳神岩画也被越来越多的人所认识和了解，成为贺兰山岩画中的标志性作品。

动物岩画

在贺兰山数以万计的岩画中，动物岩画所占比例最大，常见的动物岩画有鹿、羊、牛、虎、马等。数量巨大、题材丰富的贺兰山动物岩画反映了两个问题。第一，在距今八千年到三千年之间，贺兰山地区的气候条件与现在大相径庭。同整个黄河流域一样，当时的贺兰山地区正处在温暖湿润的历史时期，这里树木葱茏，水草丰茂，植物分布广泛，有着广袤的森林和辽阔的草原，这种得天独厚的自然地理条件，为各类动物在这里栖息提供了很好的生存环境。这里不仅有大量出没于森林草原的各类动物，而且还有今天在热带地区生活的喜暖动物。第二，这样的气候与地理环境不仅为各类动物提供了良好的生存环境，而且为远古人类提供了绝佳的狩猎场所。在人类漫长的发展过程中，狩猎和畜牧在很长一段时期都是人们赖以生存的主要支柱，动物与人类生活存在着密切的关系。从人类社会发展阶段的经济形态看，贺兰山独有的生态环境和地理环境，直接影响着当时人们的生产活动和生活方式，而艺术来源于生产和生活，人们在进行艺术创作时往往以与自身关系最密切的各种事物为题材，这就解释了为什么岩画的题材会以各类动物为主。从现有的贺兰山动物岩画来看，除了专门描绘动物的岩画之外，其他题材的岩画中也时常伴随动物的形象，如人面像岩画中也常常伴随有动物的元素。

从最初的狩猎到后来的畜牧，不论是早期的敬畏和依赖，还是中后期的驯服和亲近，动物成为贺兰山地区先民与自然联系的中心纽带。通过丰富的动物岩画题材，今天的我们不仅看到了创作者们多姿多彩的生活，而

群羊图（拓片）

且也从中体会到先民们对大自然的热爱，对空间的探索和好奇以及对自身的肯定。

宁夏博物馆收藏的这幅岩画拓片名为《群羊图》，向我们展示了贺兰山地区特有的岩羊形象。岩羊又称青羊，远远看起来非常像绵羊，耳朵短小，行动敏捷，个个都是攀岩登壁的好手。在这幅图中我们可以看见有的羊在上山，有的羊在下山，还有的羊在觅食，展现了群羊嬉戏、欢腾跳跃的场面，真可谓是"天苍苍，野茫茫，风吹草低见牛羊"。这幅岩画在1992年被作为邮票全国发行。

在贺兰山中部的回回沟，抬眼望去就可以看到一只采用双线条磨刻成的《巨牛图》，它的长度超过两米、高度超过一米，它身上的复刻线条很

巨牛图

可能是巫师凿刻上去的，或许代表这头牛不断变大变壮的过程。在它身上还有五头小牛，也许是巫师希望小牛和大牛一样，不断变大变壮。

手印岩画

手印岩画最早出现于旧石器时代晚期，是一种世界性的岩画题材，也是所有岩画中最古老的一种形式，世界多个地区都曾发现过手印岩画。我国的手印岩画主要分布在内蒙古、新疆、宁夏和三峡地区。贺兰山是北方发现手印岩画数量最多、分布最为密集的地区之一。20世纪90年代发现的贺兰山白芨沟岩画，以许多弥足珍贵的空心手印岩画著称，肉眼能辨认的有十八个，可分辨出左右手。手印岩画可以分为早、晚期，早期是黑色的，晚期则采用了赭色颜料。在所有的岩画题材中，对手印岩画的解释是最多的。朱狄先生在《艺术的起源》一书中列举了多位人类学家或艺术学家关于手印岩画的解释：代表"我"、创作者的签名、狩猎巫术、下意识的消遣、自残行为、手势语的一种、指示路人的标志等。朱狄先生指出：尤其以前两种表示"我"和"创作者的签名"的解释最为重要，也最为得到普遍的赞同。陈兆复先生在《中国岩画发现史》中指出："手印的意义，一般解释为是驱邪的手势，在另一些例了里，被解释为占有的符号。当它们被画在动物图形之上或旁边的时候，往往表示对这些动物的占有。"总之，对手印岩画的解释非常多，目前还没有一个定论得到大家的公认和赞同。类似手印岩画这种抽象题材的含义和创作背景，是岩画研究中的难题，

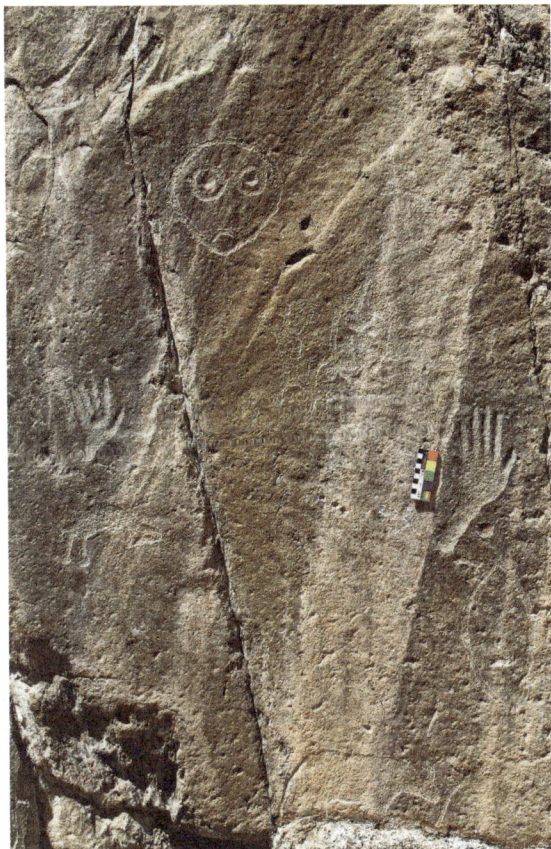

手印岩画

同时也是岩画研究的魅力所在。正因为没有定论和明确的答案，给学者们留下了很大的研究空间，成就了当前岩画研究"百花齐放"的情形，也给欣赏岩画艺术的普通大众留下无限的遐想空间。

贺兰山的这幅手印岩画，在画面的左右两边凿刻着两只左手印，左边的手印小，右边的手印连着手臂的一小部分，大而修长，可能是一只女性的手印。在左手印下方，有一只向着右边手印低头的羊，羊的右下部是一头向着右边手印前腿跪倒的牛。在两只手印的正上方，是一个双眼环睁的桃形人面像。据推测，右边的手印是母系社会一个女性部落首领的印记，代表着占有和胜利。她率领自己的部族征服了左边手印所代表的部落，使得左边部落的牛羊都低首跪拜，表示臣服。迄今为止，全世界只发现了三幅连着手臂的手印岩画，宁夏贺兰山的这幅就是其中之一，非常珍贵。

除了上述几种岩画题材外，贺兰山岩画中还有天体类岩画和符号类岩画等。天体类岩画主要刻画有太阳、月亮、星星等，这类岩画反映了先民对天体的崇拜心理；符号类岩画有西夏文题记、几何符号等。符号岩画自然是通过符号这种媒介物传达一种信息，达成创作者的某种特有的目的。

贺兰山岩画的保护

贺兰山岩画是我国乃至世界上珍贵的文化遗产，为我们研究中国北方古代少数民族的发展史提供了极为珍贵的实物资料，然而贺兰山岩画从发现之日以来就遭到极为严重的破坏，其中自然风化是主要的破坏形式。贺兰山岩画大多分布于地表为沙地和旱地、植被稀少的干旱和半干旱地区，这一地区沙尘频发，每当大风过境，就会携带尘土、砂粒对岩画进行风蚀，造成岩画表面模糊不清，并产生局部掉块。还有一种破坏方式来自人为方面，这主要包括收藏性破坏、开发性破坏和旅游性破坏等。岩画作为一种不可再生的文物，具有极高的收藏价值，收藏性破坏就是基于岩画的珍贵价值。有的不法分子出于营利目的，不惜采用盗窃的手法，将岩画强行从岩壁上剥离搬走。开发性破坏是很多不可移动文物所面临的共同难题。随着这几年建设力度的增加，贺兰山采集建筑用石和开采矿石对岩画破坏很大，比如修水渠、筑路等，还有些当地人将附有岩画的石头用来垒砌地基或墙壁。近几年来，旅游性破坏也是愈演愈烈。1991年在银川召开了国际岩画研讨会之后，贺兰口逐步建设成为一个旅游景点，但由于缺乏管理，游客的保护意识不强，肆意践踏和涂抹，对旅游景区内的岩画破坏比较严重。

种种原因使得有万年历史的贺兰山岩画，历经岁月风尘的洗礼后，如今已成为濒临消失的脆弱遗产。所幸，近些年来，各级部门已经意识到了保护贺兰山岩画的重要性。1996年，贺兰口岩画被国务院列为第四批全国重点文物保护单位；1997年贺兰口岩画被联合国教科文组织国际岩画委员会列入非正式世界文化遗产名录。特别是1991年和2000年联合国教科文组织下属的国际岩画委员会两次年会均在宁夏银川召开，引起了国内外文史艺术界的广泛关注和各级党委、政府的高度重视。2002年6月3日，银川市贺兰山岩画管理处正式成立，作为银川市政府直属事业单位，专门负责贺兰山岩画保护传承和开发利用工作，从此，贺兰山岩画步入了科学规划、有序开发、合理利用、可持续发展的快车道。贺兰山岩画管理处还编制完成了《贺兰山岩画保护总体规划》，该《规划》的颁布实施是我国第一部岩画保护方面的专项规划，作为贺兰口岩画保护管理和旅游开发的具体指南、行动纲领，使文物保护旅游开发有据可依、有规可循。为了加强贺兰山岩画保护管理利用，2012年，银川市贺兰山岩画管理处联合南京博物院编制了《贺兰山岩画石质文物抢救性保护方案》，报经国家文物局评审通过后，2013年启动实施。2017年，结合银川世界岩画馆改造提升，启动了工程浩大的贺兰山岩画（暨中国北方岩刻类岩画）资料中心建设，积极引进一系列新技术，加快推进岩画保护工作。这一系列措施有效防范了岩画人为损毁和自然侵害。

贺兰山岩画的保护永远在路上。包括贺兰山岩画在内的任何文化遗产，其保护和利用并非靠哪个特定组织和部门就能很好地实现。当前，我国精神文明建设进入快速发展阶段，越来越多的人意识到文化遗产的传承利用之于自身发展和祖国建设的重要性，因此，对贺兰山岩画的保护，也应该实施全民总动员的策略，让上级部门、管理单位和普通游客都参与进来。让贺兰山岩画，如文明之水，润人心田，让每一位大众，如文明卫士，守护遗产。